Paris, LE BAILLY, Editeur, rue Cardinale, 6.

# LE PARFAIT ET INFAILLIBLE

# ORACLE DES DAMES

## ET DES DEMOISELLES

AUGMENTÉ DE

## L'ORACLE DES HOMMES

48844

Celle que j'aime pense-t-elle à moi?          Celui que j'aime m'est-il fidèle.

# LE PARFAIT ET INFAILLIBLE

# ORACLE DES DAMES

## ET

## DES DEMOISELLES

### OU

## L'INTERPRÈTE VÉRIDIQUE DU DESTIN

COMPOSÉ D'APRÈS LES TRAVAUX LES PLUS REMARQUABLES
DES SAVANTS DE L'ANTIQUITÉ ET DES TEMPS MODERNES

Augmenté de

## L'ORACLE DES HOMMES

### MARIS, AMANTS, GARÇONS ET VEUFS

OUVRAGE CURIEUX, AMUSANT
ET LE PLUS COMPLET DE TOUS LES ORACLES

# PARIS

## LE BAILLY, LIBRAIRE-ÉDITEUR

Rue Cardinale, 6, et rue de l'Abbaye, 2

# QUESTIONS ADRESSÉES A L'ORACLE

**5.** Quand me fera-t-on la cour ?
**6.** Suis-je indifférente à ce jeune homme dont la vue me fait plaisir ?
**7.** Me croit-on déjà une femme ?
**8.** Son cœur est-il aussi tendre que le mien ?
**9.** Comment dois-je m'y prendre pour le captiver ?
**10.** Est-il convenable de répondre a sa lettre ?
**11.** Dois-je aller a un rendez-vous ?
**12.** Quelle faveur dois-je lui accorder ?
**13.** Mon mari sera-t-il jeune ?
**14.** Combien aurai-je de maris ?
**15** Serai-je longtemps recherchée avant d'avoir fait mon choix ?
**16.** Celui que j'aime connaît-il le secret de mon cœur ?
**17.** Mon amour est-il payé de retour ?
**18.** Dois-je ajouter foi aux promesses de bonheur que mon futur me fait?
**19.** Que dois-je faire pour me faire aimer ?
**20.** Me marierai-je jeune ?
**21.** Ma vie sera-t-elle agitée ?
**22.** Serai-je heureuse en ménage ?
**23.** Mon mari sera-t-il fidèle ?
**24** Mon mari sera-t-il jaloux ?
**25.** Aurai-je des enfants ?
**26.** Combien en aurai-je ?
**27.** Me donneront-ils du bonheur ?
**28.** Me trouve-t-on jolie ?
**29.** Pense-t-on que j'ai de l'esprit ?
**30.** Me pardonne-t-on mes défauts?
**31.** Epouserai-je celui auquel je pense ?
**32.** Ferai-je un mariage de raison ou d'inclination ?
**33.** Jouirai-je d'une bonne santé ?
**34.** Mon mari aura-t-il de la fortune ?
**35.** Serai-je heureuse longtemps?
**36.** Quel sera le caractère de mon mari ?
**37.** Mon mari aura-t-il de l'esprit ?
**38.** Mon mari sera-t-il beau ?
**39.** Dois-je croire aux louanges qu'on me donne ?
**40.** Réussirai-je dans mes entreprises ?
**41.** Connais-je celui que j'épouserai ?
**42.** Comment faire comprendre à quelqu'un que je ne l'aime pas ?
**43.** Me brouillerai-je souvent avec mon mari ?
**44.** Mon mari sera-t-il rancunier ?
**45.** L'amour de mon mari est-il comme au premier jour ?
**46.** Mon mari n'a-t-il jamais aimé que moi ?
**47.** Mon mari ment-il quelquefois ?
**48.** Mon bonheur fait-il des jalouses?
**49.** Le chagrin que j'ai se dissipera-t-il ?
**50.** A laquelle des deux personnes dois-je donner la préférence ?

# MANIÈRE DE PROCÉDER

## POUR OBTENIR LES RÉPONSES INFAILLIBLES DE L'ORACLE

Rien n'est plus simple ni plus facile que le moyen employé pour consulter l'oracle. Vous choisissez dans le questionnaire la demande qui correspond au désir de votre cœur et, pour avoir la réponse, vous fermez d'abord les yeux, ensuite vous piquez avec une épingle un des petits carrés du tableau ci-dessous.

| | | | |
|---|---|---|---|
| oo | oo | o o o | ooo |
| o o | o o | o oo | oo o |
| oooo | oooo | o o o o | o oo |
| oo oo | o o o | o oo | oo o o |

Il importe de bien remarquer le signe sur lequel le Destin a fait reposer la pointe de votre épingle. On consulte ensuite le tableau qui commence à la page VIII. On suit la ligne transversale indiquée par le chiffre de la question jusqu'à ce qu'on soit arrivé à la colonne en tête de laquelle se trouve le signe pareil à celui sur lequel on a mis le doigt, et le numéro de la case de cette colonne où l'on sera arrivé sera celui de la page où l'on devra trouver la réponse à la ligne précédée par le même signe. Les exemples suivants feront parfaitement comprendre cette opération.

Supposons que la personne qui consulte l'oracle ait choisi, pour plus de simplicité, la première question, portant le numéro 5 : *Quand me fera-t-on la cour ?* et que son doigt soit tombé sur ce signe ⁚⁚ ; on suivra dans le tableau la ligne 5, qui est la première, jusqu'à la case de la colonne surmontée par le signe ⁚⁚, case contenant le chiffre 80. Donc on doit trouver la réponse à la page 80, ligne ⁚⁚. En effet, cette ligne contient la réponse : *Vous avez le temps d'attendre.*

Comme vous le voyez par cette explication, rien n'est plus simple ni plus facile, et nous avons vu des personnages de la plus haute intelligence frappés d'étonnement par la justesse toujours infaillible des réponses de l'Oracle; mais jamais jusqu'à présent, dans les cuvrages de ce genre, on n'était arrivé à la perfection qu'offre celui-ci, perfection qui, nous osons le dire, doit le rendre impérissable et le mettre dans toutes les mains amies de la vérité et de la franchise.

## TABLEAU INDIQUANT LA PAGE ET LA LIGNE DE LA RÉPONSE A CHAQUE QUESTION.

| NUMÉROS des Questions | SIGNES CORRÉSPONDANT A CEUX DES LIGNES DE CHAQUE PAGE. | | | | | | | | | | | | | | | |
|---|---|---|---|---|---|---|---|---|---|---|---|---|---|---|---|---|
| | °° | °° | °°° | °°° | °°° | °°° | °°/°° | °°/° | °°°° | °°°° | °°/°° | °/°) | °°/° | °°°° | °°°° | °°°° |
| 5 | 20 | 26 | 32 | 38 | 44 | 50 | 56 | 62 | 68 | 74 | 80 | 86 | 92 | 98 | 8 | 14 |
| 6 | 21 | 27 | 33 | 39 | 45 | 51 | 57 | 63 | 69 | 75 | 81 | 87 | 93 | 99 | 9 | 15 |
| 7 | 22 | 28 | 34 | 40 | 46 | 52 | 58 | 64 | 70 | 76 | 82 | 88 | 94 | 100 | 10 | 16 |
| 8 | 23 | 29 | 35 | 41 | 47 | 53 | 59 | 65 | 71 | 77 | 83 | 89 | 95 | 5 | 11 | 17 |
| 9 | 24 | 30 | 36 | 42 | 48 | 54 | 60 | 66 | 72 | 78 | 84 | 90 | 96 | 6 | 12 | 18 |
| 10 | 25 | 31 | 37 | 43 | 49 | 55 | 61 | 67 | 73 | 79 | 85 | 91 | 97 | 7 | 13 | 19 |
| 11 | 26 | 32 | 38 | 44 | 50 | 56 | 62 | 68 | 74 | 80 | 86 | 92 | 98 | 8 | 14 | 20 |
| 12 | 27 | 33 | 39 | 45 | 51 | 57 | 63 | 69 | 75 | 81 | 87 | 93 | 99 | 9 | 15 | 21 |
| 13 | 28 | 34 | 40 | 46 | 52 | 58 | 64 | 70 | 76 | 82 | 88 | 94 | 100 | 10 | 16 | 22 |
| 14 | 29 | 35 | 41 | 47 | 53 | 59 | 65 | 71 | 77 | 83 | 89 | 95 | 5 | 11 | 17 | 23 |
| 15 | 30 | 36 | 42 | 48 | 54 | 60 | 66 | 72 | 78 | 84 | 90 | 96 | 6 | 12 | 18 | 24 |
| 16 | 31 | 37 | 43 | 49 | 55 | 61 | 67 | 73 | 79 | 85 | 91 | 97 | 7 | 13 | 19 | 25 |
| 17 | 32 | 38 | 44 | 50 | 56 | 62 | 68 | 74 | 80 | 86 | 92 | 98 | 8 | 14 | 20 | 26 |
| 18 | 33 | 39 | 45 | 51 | 57 | 63 | 69 | 75 | 81 | 87 | 93 | 99 | 9 | 15 | 21 | 27 |
| 19 | 34 | 40 | 46 | 52 | 58 | 64 | 70 | 76 | 82 | 88 | 94 | 100 | 10 | 16 | 22 | 28 |
| 20 | 35 | 41 | 47 | 53 | 59 | 65 | 71 | 77 | 83 | 89 | 95 | 5 | 11 | 17 | 23 | 29 |
| 21 | 36 | 42 | 48 | 54 | 60 | 66 | 72 | 78 | 84 | 90 | 96 | 6 | 12 | 18 | 24 | 30 |
| 22 | 37 | 43 | 49 | 55 | 61 | 67 | 73 | 79 | 85 | 91 | 97 | 7 | 13 | 19 | 25 | 31 |
| 23 | 38 | 44 | 50 | 56 | 62 | 68 | 74 | 80 | 86 | 92 | 93 | 8 | 14 | 20 | 26 | 32 |

## SUITE DU TABLEAU.

| NUMÉROS des Questions | SIGNES CORRESPONDANT A CEUX DES LIGNES DE CHAQUE PAGE. | | | | | | | | | | | | | | | |
|---|---|---|---|---|---|---|---|---|---|---|---|---|---|---|---|---|
| | o/o | oo | o/o/o | 000 | o·o/o | o/o·o | o/oo | oo/o | o/o/o/o | 0000 | oo/oo | o/oo | oo/o | o°o/o | o°/oo | oo/o |
| 24 | 39 | 45 | 51 | 57 | 63 | 69 | 75 | 81 | 87 | 93 | 99 | 9 | 15 | 21 | 27 | 33 |
| 25 | 40 | 46 | 52 | 58 | 64 | 70 | 76 | 82 | 88 | 94 | 100 | 10 | 16 | 22 | 28 | 34 |
| 26 | 41 | 47 | 53 | 59 | 65 | 71 | 77 | 83 | 89 | 95 | 5 | 11 | 17 | 23 | 29 | 35 |
| 27 | 42 | 48 | 54 | 60 | 66 | 72 | 78 | 84 | 90 | 96 | 6 | 12 | 18 | 24 | 30 | 36 |
| 28 | 43 | 49 | 55 | 61 | 67 | 73 | 79 | 85 | 91 | 97 | 7 | 13 | 19 | 25 | 31 | 37 |
| 29 | 44 | 50 | 56 | 62 | 68 | 74 | 80 | 86 | 92 | 98 | 8 | 14 | 20 | 26 | 32 | 38 |
| 30 | 45 | 51 | 57 | 63 | 69 | 75 | 81 | 87 | 93 | 99 | 9 | 15 | 21 | 27 | 33 | 39 |
| 31 | 46 | 52 | 58 | 64 | 70 | 76 | 82 | 88 | 94 | 100 | 10 | 16 | 22 | 28 | 34 | 40 |
| 32 | 47 | 53 | 59 | 65 | 71 | 77 | 83 | 89 | 95 | 5 | 11 | 17 | 23 | 29 | 35 | 41 |
| 33 | 48 | 54 | 60 | 66 | 72 | 78 | 84 | 90 | 96 | 6 | 12 | 18 | 24 | 30 | 36 | 42 |
| 34 | 49 | 55 | 61 | 67 | 73 | 79 | 85 | 91 | 97 | 7 | 13 | 19 | 25 | 31 | 37 | 43 |
| 35 | 50 | 56 | 62 | 68 | 74 | 80 | 86 | 92 | 98 | 8 | 14 | 20 | 26 | 32 | 38 | 44 |
| 36 | 51 | 57 | 63 | 69 | 75 | 81 | 87 | 93 | 99 | 9 | 15 | 21 | 27 | 33 | 39 | 45 |
| 37 | 52 | 58 | 64 | 70 | 76 | 82 | 88 | 94 | 100 | 10 | 16 | 22 | 28 | 34 | 40 | 46 |
| 38 | 53 | 59 | 65 | 71 | 77 | 83 | 89 | 95 | 5 | 11 | 17 | 23 | 29 | 35 | 41 | 47 |
| 39 | 54 | 60 | 66 | 72 | 78 | 84 | 90 | 96 | 6 | 12 | 18 | 24 | 30 | 36 | 42 | 48 |
| 40 | 55 | 61 | 67 | 73 | 79 | 85 | 91 | 97 | 7 | 13 | 19 | 25 | 31 | 37 | 43 | 49 |
| 41 | 56 | 62 | 68 | 74 | 80 | 86 | 92 | 98 | 8 | 14 | 20 | 26 | 32 | 38 | 44 | 50 |
| 42 | 57 | 63 | 69 | 75 | 81 | 87 | 93 | 99 | 9 | 15 | 21 | 27 | 33 | 39 | 45 | 51 |
| 43 | 58 | 64 | 70 | 76 | 82 | 88 | 94 | 100 | 10 | 16 | 22 | 28 | 34 | 40 | 46 | 52 |

SUITE DU TABLEAU.

| NUMÉROS des Questions | SIGNES CORRESPONDANT A CEUX DES LIGNES DE CHAQUE PAGE. | | | | | | | | | | | | | | | |
|---|---|---|---|---|---|---|---|---|---|---|---|---|---|---|---|---|
| | o<br>o | ooo | o<br>o<br>o | ooo | o<br>oo | oo<br>o | o<br>oo | oo<br>o | o<br>o<br>o<br>o | oooo | oo<br>oo | o<br>oo | oo<br>o | o°o<br>o | o<br>ooo | oo<br>o |
| 44 | 59 | 65 | 71 | 77 | 83 | 89 | 95 | 5 | 11 | 17 | 23 | 29 | 35 | 41 | 47 | 53 |
| 45 | 60 | 66 | 72 | 78 | 84 | 90 | 96 | 6 | 12 | 18 | 24 | 30 | 36 | 42 | 48 | 54 |
| 46 | 61 | 67 | 73 | 79 | 85 | 91 | 97 | 7 | 13 | 19 | 25 | 31 | 37 | 43 | 49 | 55 |
| 47 | 62 | 68 | 74 | 80 | 86 | 92 | 98 | 8 | 14 | 20 | 26 | 32 | 38 | 44 | 50 | 56 |
| 48 | 63 | 69 | 75 | 81 | 87 | 93 | 99 | 9 | 15 | 21 | 27 | 33 | 39 | 45 | 51 | 57 |
| 49 | 64 | 70 | 76 | 82 | 88 | 94 | 100 | 10 | 16 | 22 | 28 | 34 | 40 | 46 | 52 | 58 |
| 50 | 65 | 71 | 77 | 83 | 89 | 95 | 5 | 11 | 17 | 23 | 29 | 35 | 41 | 47 | 53 | 59 |
| 51 | 66 | 72 | 78 | 84 | 90 | 96 | 6 | 12 | 18 | 24 | 30 | 36 | 42 | 48 | 54 | 60 |
| 52 | 67 | 73 | 79 | 85 | 91 | 97 | 7 | 13 | 19 | 25 | 31 | 37 | 43 | 49 | 55 | 61 |
| 53 | 68 | 74 | 80 | 86 | 92 | 98 | 8 | 14 | 20 | 26 | 32 | 38 | 44 | 50 | 56 | 62 |
| 54 | 69 | 75 | 81 | 87 | 93 | 99 | 9 | 15 | 21 | 27 | 33 | 39 | 45 | 51 | 57 | 63 |
| 55 | 70 | 76 | 82 | 88 | 94 | 100 | 10 | 16 | 22 | 28 | 34 | 40 | 46 | 52 | 58 | 64 |
| 56 | 71 | 77 | 83 | 89 | 95 | 5 | 11 | 17 | 23 | 29 | 35 | 41 | 47 | 53 | 59 | 65 |
| 57 | 72 | 78 | 84 | 90 | 96 | 6 | 12 | 18 | 24 | 30 | 36 | 42 | 48 | 54 | 60 | 66 |
| 58 | 73 | 79 | 85 | 91 | 97 | 7 | 13 | 19 | 25 | 31 | 37 | 43 | 49 | 55 | 61 | 67 |
| 59 | 74 | 80 | 86 | 92 | 98 | 8 | 14 | 20 | 26 | 32 | 38 | 44 | 50 | 56 | 62 | 68 |
| 60 | 75 | 81 | 87 | 93 | 99 | 9 | 15 | 21 | 27 | 33 | 39 | 45 | 51 | 57 | 63 | 69 |
| 61 | 76 | 82 | 88 | 94 | 100 | 10 | 16 | 22 | 28 | 34 | 40 | 46 | 52 | 58 | 64 | 70 |
| 62 | 77 | 83 | 89 | 95 | 5 | 11 | 17 | 23 | 29 | 35 | 41 | 47 | 53 | 59 | 65 | 71 |

SUITE DU TABLEAU.

| NUMÉROS des Questions | SIGNES CORRESPONDANT A CEUX DES LIGNES DE CHAQUE PAGE. | | | | | | | | | | | | | | | |
|---|---|---|---|---|---|---|---|---|---|---|---|---|---|---|---|---|
| | 8 | oo | 8̈ | ooo | o8 | 8o | o/oo | oo/o | 8̈8̈ | 0000 | oo/oo | 8/oo | 8o/o | o°o/o | o°oo/o | oo°/o |
| 63 | 78 | 84 | 90 | 96 | 6 | 12 | 18 | 24 | 30 | 36 | 42 | 48 | 54 | 60 | 66 | 72 |
| 64 | 79 | 85 | 91 | 97 | 7 | 13 | 19 | 25 | 31 | 37 | 43 | 49 | 55 | 61 | 67 | 73 |
| 65 | 80 | 86 | 92 | 98 | 8 | 14 | 20 | 26 | 32 | 38 | 44 | 50 | 56 | 62 | 68 | 74 |
| 66 | 81 | 87 | 93 | 99 | 9 | 15 | 21 | 27 | 33 | 39 | 45 | 51 | 57 | 63 | 69 | 75 |
| 67 | 82 | 88 | 94 | 100 | 10 | 16 | 22 | 28 | 34 | 40 | 46 | 52 | 58 | 64 | 70 | 76 |
| 68 | 83 | 89 | 95 | 5 | 11 | 17 | 23 | 29 | 35 | 41 | 47 | 53 | 59 | 65 | 71 | 77 |
| 69 | 84 | 90 | 96 | 6 | 12 | 18 | 24 | 30 | 36 | 42 | 48 | 54 | 60 | 66 | 72 | 78 |
| 70 | 85 | 91 | 97 | 7 | 13 | 19 | 25 | 31 | 37 | 43 | 49 | 55 | 61 | 67 | 73 | 79 |
| 71 | 86 | 92 | 98 | 8 | 14 | 20 | 26 | 32 | 38 | 44 | 50 | 56 | 62 | 68 | 74 | 80 |
| 72 | 87 | 93 | 99 | 9 | 15 | 21 | 27 | 33 | 39 | 45 | 51 | 57 | 63 | 69 | 75 | 81 |
| 73 | 88 | 94 | 100 | 10 | 16 | 22 | 28 | 34 | 40 | 46 | 52 | 58 | 64 | 70 | 76 | 82 |
| 74 | 89 | 95 | 5 | 11 | 17 | 23 | 29 | 35 | 41 | 47 | 53 | 59 | 65 | 71 | 77 | 83 |
| 75 | 90 | 96 | 6 | 12 | 18 | 24 | 30 | 36 | 42 | 48 | 54 | 60 | 66 | 72 | 78 | 84 |
| 76 | 91 | 97 | 7 | 13 | 19 | 25 | 31 | 37 | 43 | 49 | 55 | 61 | 67 | 73 | 79 | 85 |
| 77 | 92 | 98 | 8 | 14 | 20 | 26 | 32 | 38 | 44 | 50 | 56 | 62 | 68 | 74 | 80 | 86 |
| 78 | 93 | 99 | 9 | 15 | 21 | 27 | 33 | 39 | 45 | 51 | 57 | 63 | 69 | 75 | 81 | 87 |
| 79 | 94 | 100 | 10 | 16 | 22 | 28 | 34 | 40 | 46 | 52 | 58 | 64 | 70 | 76 | 82 | 88 |
| 80 | 95 | 5 | 11 | 17 | 23 | 29 | 35 | 41 | 47 | 53 | 59 | 65 | 71 | 77 | 83 | 89 |
| 81 | 96 | 6 | 12 | 18 | 24 | 30 | 36 | 42 | 48 | 54 | 60 | 66 | 72 | 78 | 84 | 90 |

SUITE DU TABLEAU.

| NUMÉROS des Questions | SIGNES CORRESPONDANT A CEUX DES LIGNES DE CHAQUE PAGE. | | | | | | | | | | | | | | | |
|---|---|---|---|---|---|---|---|---|---|---|---|---|---|---|---|---|
| | o<br>o | oo | o<br>o<br>o | ooo | o<br>oo | oo<br>o | o<br> o | oo<br>o | o<br>o<br>o<br>o | oooo | oo<br>oo | o<br>oo | oo<br>o | o oo<br>o | o<br>oo o | oo o<br>o |
| 82 | 97 | 7 | 13 | 19 | 25 | 31 | 37 | 43 | 49 | 55 | 61 | 67 | 73 | 79 | 85 | 91 |
| 83 | 98 | 8 | 14 | 20 | 26 | 32 | 38 | 44 | 50 | 56 | 62 | 68 | 74 | 80 | 86 | 92 |
| 84 | 99 | 9 | 15 | 21 | 27 | 33 | 39 | 45 | 51 | 57 | 63 | 69 | 75 | 81 | 87 | 93 |
| 85 | 100 | 10 | 16 | 22 | 28 | 34 | 40 | 46 | 52 | 58 | 64 | 70 | 76 | 82 | 88 | 94 |
| 86 | 5 | 11 | 17 | 23 | 29 | 35 | 41 | 47 | 53 | 59 | 65 | 71 | 77 | 83 | 89 | 95 |
| 87 | 6 | 12 | 18 | 24 | 30 | 36 | 42 | 48 | 54 | 60 | 66 | 72 | 78 | 84 | 90 | 96 |
| 88 | 7 | 13 | 19 | 25 | 31 | 37 | 43 | 49 | 55 | 61 | 67 | 73 | 79 | 85 | 91 | 97 |
| 89 | 8 | 14 | 20 | 26 | 32 | 38 | 44 | 50 | 56 | 62 | 68 | 74 | 80 | 86 | 92 | 98 |
| 90 | 9 | 15 | 21 | 27 | 33 | 39 | 45 | 51 | 57 | 63 | 69 | 75 | 81 | 87 | 93 | 99 |
| 91 | 10 | 16 | 22 | 28 | 34 | 40 | 46 | 52 | 58 | 64 | 70 | 76 | 82 | 88 | 94 | 100 |
| 92 | 11 | 17 | 23 | 29 | 35 | 41 | 47 | 53 | 59 | 65 | 71 | 77 | 83 | 89 | 95 | 5 |
| 93 | 12 | 18 | 24 | 30 | 36 | 42 | 48 | 54 | 60 | 66 | 72 | 78 | 84 | 90 | 96 | 6 |
| 94 | 13 | 19 | 25 | 31 | 37 | 43 | 49 | 55 | 61 | 67 | 73 | 79 | 85 | 91 | 97 | 7 |
| 95 | 14 | 20 | 26 | 32 | 38 | 44 | 50 | 56 | 62 | 68 | 74 | 80 | 86 | 92 | 98 | 8 |
| 96 | 15 | 21 | 27 | 33 | 39 | 45 | 51 | 57 | 63 | 69 | 75 | 81 | 87 | 93 | 99 | 9 |
| 97 | 16 | 22 | 28 | 34 | 40 | 46 | 52 | 58 | 64 | 70 | 76 | 82 | 88 | 94 | 100 | 10 |
| 98 | 17 | 23 | 29 | 35 | 41 | 47 | 53 | 59 | 65 | 71 | 77 | 83 | 89 | 95 | 5 | 11 |
| 99 | 18 | 24 | 30 | 36 | 42 | 48 | 54 | 60 | 66 | 72 | 78 | 84 | 90 | 96 | 6 | 12 |
| 100 | 19 | 25 | 31 | 37 | 43 | 49 | 55 | 61 | 67 | 73 | 79 | 85 | 91 | 97 | 7 | 13 |

Si vous pratiquez l'économie de bonne heure.

Vous avez bien le temps d'y songer.

Nul ne peut répondre de l'avenir.

Il n'aura pas besoin d'en avoir.

Qui ne médit pas quelque peu en ce bas monde.

A chacun son rôle.

Au plus si c're.

Autant qu'il en aura le droit.

Il n'aura rien de remarquable.

Vos parents en décideront.

L'Oracle vous en souhaite le moins possible.

Oui, la première fois.

Trouvez-vous heureuse, si vous en avez un.

Ne vous l'a-t-il pas dit mainte et mainte fois.

On aurait vu des choses plus extraordinaires.

Celle à qui vous songez le moins.

Personne n'en est exempt.

On est plus sûr de soi que des autres.

Qui ne tente rien, n'a rien.

Ce n'est pas votre affaire.

On n'a d'ennemis que ceux que l'on veut bien se faire.

Il y a encore beaucoup de temps devant vous.

Le plus tard sera le mieux.

Ça ne se voit que dans les romans.

Vous savez bien que non.

Oui, si vous évitez les excès.

Ils vous donneront bien un peu de tourment.

Semblable au frêle esquif agité par les vents.

Ne vous en occupez pas.

Par vos qualités et vos vertus.

Vous êtes payée pour savoir que faire.

Avec de la patience on arrive à bout de tout.

Il n'y a pas d'âge pour cela.

Ce sont les médisants qui parlent ainsi.

Ne retirez pas la parure du parterre.

C'est bâti sur le sable.

Vous en aurez le choix.

Oui, s'il sait résister aux épreuves de la vie.

Ce n'est pas aussi sûr que du vinaigre.

Le nombre en est incommensurable.

Au gré de vos désirs.

Avec de la persévérance on vient à bout de tout.

La coquetterie est un grand défaut.

Vous avez tout ce qu'il faut pour cela.

Il n'en dit rien, mais il n'en pense pas moins.

Ne vous compromettez jamais.

Savoir se contenter de peu.

A la valeur de ses qualités.

Qu'il parle sans réfléchir.

Il n'y aurait rien que d'extraordinaire.

On oublie tout ici-bas.

Ne le souhaitez pas.

En marchant toujours dans le chemin de l'honneur.

Selon que vous agirez bien ou mal à leur égard.

Cela dépendra beaucoup de votre mari.

On ne peut pas tout avouer.

Il vous a déjà fait l'aveu de sa flamme.

On ne peut qu'espérer ces choses-là.

Que cela ne vous tourne pas la tête.

Faudrait l'enchaîner pour cela.

Cherchez à l'ignorer, cela vaut mieux.

Je ne vous en donnerai jamais le conseil.

Un jeune homme cherche en ce moment à vous la faire.

En ne l'obligeant pas à contracter un mariage de raison.

Les chagrins viendront un jour l'assombrir,

Plus que de qualités.

Autant de l'un que de l'autre.

La prétention est punie par l'indifférence.

Pas le moins du monde.

Ce dont vous ne pouvez pas vous douter.

Autant que de maris.

Oui. mais peu.

Soyez toujours plus que réservée à son égard.

Un modèle de douceur.

C'est ce qui se pardonne le moins.

Que ce soit le moindre de vos soucis.

De ces choses-là, il n'en faut jamais croire que la
moitié.

Celle qui s'accorde généralement.

Évitez qu'il vous le dise.

Ce n'est pas à demander.

8   C'est de votre âge.

oo   Ce que vous pourrez trouver.

8   Pas tous.

ooo   Elle sera ce que vous l'aurez faite.

o8   Vous êtes trop pressée de le savoir.

8o   Si vous comptez dessus, vous attendrez longtemps.

8   Vous y êtes obligée.

8   Oui, si vous n'êtes pas trop pressée.

8   Vous seriez les seuls, si ça ne vous arrivait pas.

oooo   Il en aura pour deux.

8 8   Si vous savez gagner son cœur.

8   Espérez-le.

8   Regardez-vous donc dans la glace.

o8o   Vos âges seront en bonne proportion.

8oo   Vous le croyez, mais l'Oracle dit non.

oo8   Autant qu'il pourra le faire.

8    On s'illustre par ses qualités.

oo    N'en a pas qui veut.

8    Vous avez encore du temps devant vous.

ooo    Il ne faut pas toujours voir la vie en rose.

o8    Cordonnier.

8o    Si j'avais autant de mille livres de rentes qu'on le fera de fois !

8    Il vaut mieux que vous lui raccommodiez ses bas

oo    Ne vous pressez pas de choisir.

8    Oui, si vous n'y mettez pas les pouces.

oooo    La beauté morale est tout chez l'homme.

o o    L'inclination ne fait pas toujours le bonheur e ménage.

8    Peu si vous savez vous modérer.

oo    Juste à temps.

o°o    N'en désirez pas tant.

8oo    Craignez qu'il ne vous le prouve.

oo8    Ce n'est pas moi, assurément.

o  Pendez-vous plutôt.

oo  Cela arrive à tout le monde.

o  La trahison est chose commune.

ooo  La fortune vous sourira.

o  Vous vous en mordriez trop les doigts.

oo  Plus que vous ne croyez.

oo  Elle aura eu le temps de vous guider dans le chemin de la vie.

oo  Sachez prendre le temps comme il vient.

oooo  Ne vous faites pas cette illusion-là.

oooo  La galanterie y oblige.

oo oo  Nul ne le sait.

oooo  Rien n'est moins sûr que ça.

oooo  Je redoute de vous le dire.

oooo  Cela viendra toujours trop tôt.

ooo  La vertu et la sagesse sont le plus sûr talisman.

ooo  Oui, si vous savez ne compter que sur vous-même.

8  On ne peut répondre de rien.

oo  Avant l'âge.

8  Vous n'en avez pas lieu.
8

ooo  Ses ennuis valent encore mieux que ceux de l'iso-
     lement.

o8  Château de cartes qu'un coup de vent enlèvera.

8o  Suivez le bon plaisir de votre mari.

o  La sobriété est un brevet de longue vie.
oo

oo  Un jour ou l'autre.
o

8  Oui, mais il les a oubliées toutes pour vous.
8

oooo  Le résultat couronnera vos espérances.

o o  Il l'acquerra par son travail.
o o

8  La coquetterie perd la femme.
oo

oo  Il n'y a pas de vrai bonheur ici-bas.
8

o o  La chose est certaine.
o

8oo  On pourrait vous le reprocher un jour.

oo8  Savoir se contenter de ce que l'on a.

8  Une fille a l'époux qu'elle mérite.

oo  Que c'est un bavard.

8  Je ne dois pas vous le dire, puisque c'est à votre
   insu.

eoo  Trop heureux ceux dont on garde le souvenir.

o8  Fuyez l'éclat de ce monde-là.

8o  S'ils marchent scrupuleusement dans la voie que
   vous leur tracerez.

8  Oui, en leur faisant honneur.

oo  Si votre mari n'est point avare.

8  Comme un arracheur de dents.

oooo  Vous avez lu son amour dans ses yeux.

8 8  Rien n'est moins sûr que cela.

8  Tous ceux qui vous connaissent.

oo  Rien n'est plus commun que la demande; rien
   n'est plus rare que la chose.

o8o  Ne cherchez pas à le savoir.

8oo  Je ne vous y engage pas.

oo8  Tout vient à point à qui sait attendre.

C'est bien difficile.

L'avenir vous mûrira.

Assez pour se faire haïr.

Attendez-vous à tout.

Personne n'a jamais pensé à **vous**.

Attendez la réalité pour cela.

Elle écrit une lettre.

On en a toujours de trop.

Oui, **même des envieuses**.

En **blâmant** sa tendresse.

La bonté même.

Vous ne le méritez **pas**.

Ne vous en inquiétez pas d'**avance**.

N'en croyez pas un **mot**.

Il ne vous en demandera **qu'une**.

Vous ne le saurez jamais.

8 . Avec modération.

oo Il y a un terme à tout.

8̶ Un Français.

ooo Quelques-uns, naturellement.

o8 . Il n'y a pas de saison sans orage.

8o Non, ce sera vous.

8̤ Trop tard pour que vous en jouissiez.

8̤ Oui, si vous voulez avoir la conscience tranquille.

8̤8̤ Vous avez plus de peur que de mal.

oooo Vous avez le caractère trop bien fait pour cela.

o o / o o Vous en aurez pour lui.

8 / oo Vous ne lui êtes pas insensible pour le moment.

oo / 8 N'y comptez pas.

o 8 o Vous êtes bien présomptueuse.

8oo Pas tant que vous le voudriez.

oo8 Non, tant que vous ne l'aurez pas prouvé.

8 Votre fiancé.

oo L'ambition perd la femme aussi bien que l'homme

8 Privilégiés sont ceux qui en ont.

ooo Oui, pour vous faire des malices.

o8 Vous aurez à compter avec les déceptions.

8o Menuisier.

8 C'est la chose la plus naturelle du monde.

8 Oui, s'il est assez benêt pour se laisser faire.

8 Ni à l'un ni à l'autre.

oooo Jusqu'à l'excès.

8 Oui, pour votre désespoir.

8 On peut se passer de l'amour.

8 Ne vous inquiétez donc pas de cela : ils viendron
bien assez vite.

o8o Dès que vous aurez trouvé un mari.

8oo Est-ce qu'un seul ne vous suffit pas ?

oo8 Attendez qu'il vous le dise.

8   Si vous savez vous y prendre.

oo   La première fois ne vous a donc pas guérie.

8   Vous devez vous y attendre.

ooo   Elle ne vous rend des services que parce qu'elle y trouve son intérêt.

o8   Allez-y de confiance.

8o   Ne vous en avisez pas.

8   On en a toujours quelques-uns.

oo   Non, si vous la soignez comme elle vous aime.

8   Il faut avoir plus de caractère que ça.

oooo   Ce serait l'exception à la règle générale.

o o   Non, si c'est pour en tirer vanité.

8   C'est le secret des Dieux.

oo   Comptez là-dessus.

o°o   Oui, si votre conscience est pure.

8oo   Le moins sera le meilleur.

oo8   C'est d'abord de ne rien vous laisser prendre.

Prendre le temps comme il vient.

Si vous n'êtes pas trop difficile.

C'est la parure de la vieillesse.

Ce sont ses ennemis qui parlent de la sorte.

Attendez encore avant de vous y décider.

Doutez : la surprise n'en sera que plus agréable.

Vous passerez l'été à la campagne.

Les excès de sa jeunesse sont là pour répondre.

Qui compte sans son hôte, compte deux fois.

Ce sont de ces choses qui ne s'avouent pas.

Il ne faut pas trop y compter.

Le bonheur est la seule fortune des ménages.

Gardez-vous de le savoir.

Votre mari seul peut vous le dire.

Oui, pour votre malheur.

Que penseriez-vous d'une autre qui le ferait?

Quand vous voudrez.

Cela dépendra d'elle.

Qu'il abuse de sa langue.

La personne en est incapable.

On ne regrette jamais que ce qui est regrettable.

Ne cherchez pas à aller où vous seriez éclipsée.

Avec le travail et la persévérance on arrive à tout.

En vous soumettant à leurs volontés.

Si le mari que vous aurez sait plaire à sa femme.

Autant que vous.

Vous avez encore le temps d'y penser.

En prenant le temps comme il vient.

Personne n'en doute.

Ne demandez pas l'impossible.

Pas le moins du monde.

A votre place, j'irais.

Sa flamme répond à la vôtre.

En faisant ses volontés.

Vous deviendrez plus sérieuse.

Qui n'en a pas !

Soyez assez philosophe pour ne redouter ni l'un ni l'autre.

Moins que votre valeur réelle.

Hélas ! la réalité viendra bien assez tôt.

Elle sommeille et rêve de vous.

Assez pour votre satisfaction.

N'en avez-vous donc jamais vu la preuve !

Dites-lui que vous n'ajoutez aucune foi à la sincérité de ses sentiments.

Aussi doux que possible.

On a bien autre chose à faire.

Il sera bien temps de le savoir quand vous y serez.

Il ne vous dit pas ce qu'il pense.

Soyez modérée dans la quantité.

2.

8 Trop jeune pour cela.

oo Si vous ne lui cherchez point de querelles d'alle-
    mand.

8 Vous ne pourrez pas toujours l'aimer.

ooo Un étranger.

o8 Ne vous fiez à personne.

8o Qui n'éprouve pas de revers sur le retour.

8 Cela vous arrivera plus tôt qu'à lui.

8 N'attendez pas après.

8 Vous n'aurez pas l'union dans votre ménage sans
    cela.

oooo Cela vous mûrira le caractère; ce n'est pas un mal.

88 Il sera trop gracieux pour jamais vous contrarier.

8 Ce sera son plus grand défaut.

8 On aurait vu plus fort que ça.

o8o Le moins sera le mieux.

8oo Vous avez tout ce qu'il faut.

co8 Trop jeune pour être constant.

8   Tout autant

oo   Votre mari.

8   Cela ne vous avancerait à rien.

ooo   Si vos moyens vous le permettent.

o8   C'est à espérer.

8o   Le bonheur parfait n'existe qu'en rêve.

8oo   Il est né pour ne rien faire.

oo8   Cela ne fait pas le moindre doute.

8   Ce n'est pas le moyen d'être heureux en ménage

oooo   Au plus assidu.

8 8   Non : après la pluie, le beau temps tout de suite.

8oo   Assez pour vous rendre jalouse.

oo8   L'argent ne fait pas le bonheur, mais il y contri-
     bue beaucoup.

o8o   Autant que de maris.

8oo   Oui, si vous vous laissez faire la cour de bonne
     heure.

88   Combien donc vous en faut-il ?

Ne soyez pas si désireuse de perdre ce qui ne se retrouve jamais.

Si le vent ne tourne pas.

Gardez votre indépendance.

Non si vous savez la conjurer.

Vous avez des raisons pour cela.

C'est le moyen pour réussir.

Contentez-vous d'être celle de votre mari.

Tellement qu'on ne peut les compter.

Les chagrins abrégent la vie; c'est à vous de ne pas lui en causer.

Cela ne sert à rien.

J'aime mieux le croire que d'y aller voir.

Ayez la modestie de n'y pas ajouter foi.

Il vaut mieux que vous l'ignoriez.

Ils feront votre plus grande joie.

C'est bien à craindre.

Que ce soit le moindre de vos soucis.

8   C'est une faute.

oo   Avoir un bon époux.

8   Selon son mérite.

ooo   Il vaut mieux les avoir comme ça que point du tout.

o8   N'en croyez pas un mot.

8o   Les regrets vous suivront.

8   Évitez-vous une déception.

8   Il vaut mieux passer l'hiver à la ville.

8   Il aura le temps de voir ses petits-enfants.

oooo   La semaine des quatre jeudis.

8   Ne vous en tracassez pas.

8   J'y compte moins que vous.

8   Si vous savez le seconder.

o8o   Cela dépend des goûts.

8oo   Autant que vous l'espérez.

oo8   Il le saura à temps.

8 Que diriez-vous vous-même d'une autre qui s'y rendrait?

oo Cela ne tardera pas.

8 Oui, si elle sait attendre pour choisir.

ooo Qu'il parle trop pour être agréable.

o8 Il faut avoir confiance.

8o On remarque toujours la vertu.

8 Cherchez à le fuir au contraire.

8 S'ils ont à cœur le renom de leur famille.

8 En pratiquant toujours vos devoirs.

oooo Vous ferez tout ce que vous pourrez pour ça.

8 Ne lui demandez pas l'impossible!

8 Vous oubliez donc votre cousin.

8 Il n'y a pas de ciel sans nuages.

8 Ce ne serait pas galant d'en douter.

8oo Plus souvent!

oo8 Pas encore; cela viendra peut-être.

Toutes celles qu'il vous plaira.

Vous avez bien le temps de le savoir.

Oui, si vous n'habitez pas ensemble.

Les années vous donneront à réfléchir.

Ceux qu'il aura, plus ceux que vous lui prêterez.

Il faut toujours prendre le temps comme il vient.

Le monde a bien d'autres chiens à fouetter.

Vous avez bien le temps de prendre de la peine.

Elle dit à une autre ce qu'elle vous dit tous les jours.

Trop pour votre tourment.

Plus que vous ne pouvez vous l'imaginer.

Écrivez-lui qu'il perd son temps.

Ce que votre amour en fera.

On ne saurait vous résister.

Jusqu'à l'excès.

Vous ferez bien de feindre d'en douter.

Cela dépendra de votre choix.

Ce serait malheureux.

Ça ne se rencontre guère.

Les occasions ne vous manqueront pas.

Un nègre.

Il y a une moitié du monde qui trompe toujours l'autre.

La satisfaction vous viendra de vos enfants.

Il arrivera ce que vous souhaitez.

Tout augmente, excepté ça.

Le sexe faible doit toujours s'incliner devant le sexe fort.

Ne vous forgez donc pas de chimères !

Dame ! après le beau temps il y a toujours un peu de pluie.

Plus que vous ne le pensez.

Ne l'espérez pas.

Vous le souhaitez trop pour ne pas en avoir.

Il faut vous défaire de vos défauts.

On en a tant qu'on veut.

Beaucoup moins.

Votre mère.

C'est de l'orgueil mal placé.

Vous aurez le moyen de satisfaire vos goûts.

Vous serez plus contente de n'en avoir pas.

La peine est inséparable de l'existence.

Avocat.

Vous seriez la seule à qui cela n'arriverait pas.

Cela ne vous réussirait pas.

Ne vous fiez pas aux belles promesses.

Aussi peu que possible.

Ne souhaitez pas ce qui doit vous causer tant de peine.

N'enviez pas la fortune.

Je n'ose vous en avouer le chiffre.

Le plus tard sera le meilleur.

Tout le monde ne soupire-t-il pas après la beauté?

La simplicité est ce qui sied le mieux.

Les hasards sont si grands!

Ne vous liez pas.

Qui vous tiendra six mois au lit.

Je vous le conseillerais.

Craignez de trop hasarder.

Ce serait le monde renversé.

Un caractère aimable ne s'en fait jamais.

Les grandes douleurs usent vite.

Ce n'est pas un remède au mal.

Ça ne coûte rien d'espérer.

Ceux qui vous disent cela manquent de sincérité.

On ne sait pas toujours ce qui peut arriver.

Il faut toujours espérer; la déception arrive toujours assez tôt.

Attendez donc au moins d'y entrer.

8 Évidemment, puisque vous le lui avez fait comprendre.

oo Oui, si vos parents vous y autorisent.

8 Avoir la conscience nette.

ooo Il y a gros à parier.

o8 Cela dépendra des peines de jeunesse.

8o Vous n'avez aucun lieu de le croire.

oo Vous ne le devriez pas.

oo Qui compte sans son hôte, compte deux fois.

8 Je comprends qu'on donne la préférence aux bois et à la verdure.

oooo Pas avant que la neige ait blanchi ses cheveux.

o o Attendez au moins qu'il soit acheté.

8 Vous êtes son premier amour.

oo Vous vous préparez bien des contrariétés.

o o Si le jeu ne le lui mange pas.

8oo Une femme doit toujours l'ignorer.

oo8 Plus que vous ne le croyez.

Pourquoi ne le serait-il pas?

Gardez-vous en bien!

Rien ne dit qu'on vous la fera.

Oui, si elle sait céder sagement à son mari.

Beaucoup trop pour ne rien dire.

Votre confiance est bien placée.

Pas longtemps.

Ne vous laissez pas étourdir par son clinquant.

On ne doit s'étonner de rien.

En évitant de les contrarier et de leur déplaire.

Le mariage contrarie bien des projets.

Une fois par jour, si ce n'est plus.

Oui, mais ce ne sera pas celui que vous pensez.

Vous pouvez être sûre qu'on vous le promettra.

Assurément.

Autant que vous-même.

8    Ils disent tous la même chose.

oo    Aucune.

8    Ne soyez pas si pressée d'être renseignée là-dessus.

ooo    Oui, si vous ne vous mêlez pas de ses affaires.

o8    Vous n'aurez pas toujours le temps de rire.

8o    Il saura les réformer pour vous être agréable.

8    Cela ne vous avancera à rien de le savoir.

8    On pense que vous êtes une coquette.

8    Cela ne sert à rien d'avance.

oooo    Elle pense à vous tromper.

8 8    Pas mal comme ça.

8    Personne ne s'en préoccupe.

8    Dites devant lui qu'on vous fait la cour.

o8o    Inflexible.

8oo    Un sur dix.

oo8    Il serait le seul à ne point l'être.

8    La première des choses est d'être aimable.

oo    La jeunesse est quelquefois un défaut.

8    Pas encore.

ooo    Beaucoup.

o8    Tant que vous pourrez

8o    Trouvez-vous heureuse d'en trouver un n'importe comment.

8    La sincérité est bien rare par le temps qui court.

8    La chose est si rare qu'il faut n'y compter qu'à moitié.

8    En même temps, dans les bras l'un de l'autre.

oooo    Au moment où vous vous y attendrez le moins.

8 8    C'est une question oiseuse; cela va de soi.

8    Oui, si vous avez assez de force de caractère pour le dominer.

8    Vous aurez bien autre chose à faire.

o8o    Vaut mieux point que trop.

8oo    Oui, pour votre malheur.

oo8    Rien n'est moins certain.

g Oui, si tu sais plaire de bonne heure.

oo Vous n'en aurez pas.

8 Beaucoup plus.

ooo Votre amie.

o8 Contentez-vous d'être bonne épouse et bonne
mère.

8o Espérez-le.

8 De bonne heure.

oo Vous avez bien le temps d'y songer.

8 Médecin.

oooo On a une langue, c'est pour s'en servir.

8 8 Essayez pour voir.

8 A celui qui ne farde pas la vérité.

oo Vous ne devez pas avoir cette crainte-là.

o8o Vos amies vous le diront assez.

8oo Suivez l'inspiration de votre cœur.

oo8 Cela dépendra de vous.

Oui, par le remords.

Trouvez-vous bien heureuse s'il y en a un.

Tout ce que vous ferez sera inutile.

C'est donné à tout le monde.

Les ennuis de la première fois vous attendent encore.

Qui paralysera le restant de vos jours.

Attendez de la mieux connaître.

Toute médaille a son revers.

Vous aimerez trop votre mari pour cela.

Oui, et qui cherchent à vous nuire.

Les Parques qui tiennent la destinée de vos jours, ne divulguent pas les secrets de la vie.

Ça ne les empêchera pas d'arriver.

Vous pouvez être sûre qu'il vous le promettra.

Ce serait bien présomptueux de votre part.

Que ce soit la moindre de vos préoccupations.

S'ils savent le prix de vos sacrifices.

A deux l'âme est joyeuse.

C'est bien visible.

On ne doit jamais répondre.

N'avoir rien à se reprocher.

Elle n'en sera pas embarrassée.

La fatigue en est cause.

Elle vous est toute dévouée.

Vous vous devez à la société.

Il ne faut pas vendre la peau de l'ours avant de l'avoir tué.

Il faudra choisir ce qui nuira le moins à vos intérêts.

Si vous lui épargnez de ces douleurs qui ébranlent la vieillesse.

Si vous savez faire plaisir à la personne.

Il vaut mieux le croire que d'y aller voir.

Si rien ne vient entraver vos projets.

S'il sait mettre un frein à ses passions.

Vous ne devriez pas le demander.

3.

8    Les maris ne le sont-ils pas toujours?

oo    Espérez-le.

8    Ce n'est pas convenable.

ooo    Trop tôt.

o8    Si elle comprend son mari.

8o    Qu'il a de l'esprit.

8    Avec beaucoup d'adresse.

8    Le monde est trop volage pour cela.

8    C'est le monde où l'on s'ennuie.

oooo    S'ils suivent l'élan du siècle.

8 8    Cela ne dépend que de vous-même.

8    Qu'est-ce qui soignerait vos enfants?

8    C'est ce qu'il y a de plus certain.

o8o    Oui, s'il tient les serments qu'il vous a faits.

8oo    N'y comptez qu'à moitié.

oo8    Plus que de mérite

8 Ils le sont tous.

oo Promettre et tenir, cela fait deux.

8oo C'est difficile à dire.

ooo Que vous importe?

o8 En ne le voyant pas trop souvent.

8o Les malheurs vous donneront de la gravité.

8oo Vous n'aurez pas à en souffrir.

oo8 Ne soyez pas inquiète de l'avenir.

8ooo La beauté se passe des flatteries du monde.

oooo Cela ne viendra que trop vite.

8oo8 Elle n'est pas loin de vous.

8oo8 Ni trop, ni trop peu ; suffisamment.

oo8o Vous avez trop d'esprit pour le redouter.

o8o8 Faites-lui comprendre que vous en aimez un autre

8oo Vous aurez bientôt à en souffrir.

oo8 Oui, si vous savez vous en corriger.

C'est plus que probable.

Vous avez bien le temps de penser à cela.

Si vous voulez.

Est-ce que vous n'avez pas tout ce qu'il faut pour cela?

Il vous payera de retour.

Il faudra bien y renoncer un jour ou l'autre.

Vous n'en aurez pas le choix.

Ceux dont vous vous doutez le moins.

La santé la réjouira.

Une catastrophe épouvantable vous empêchera de le savoir l'un et l'autre.

Cela porte malheur de souhaiter la mort de quelqu'un.

Cela ne se demande pas.

Oui, en lisant des romans de Paul de Kock.

Non, si vous savez bien le prendre.

Oui, si vous ne lui faites pas perdre la tête.

Il ne demande pas mieux.

8   Le moins possible sera le mieux.

oo   Ça dépend de vous.

8   Vous en aurez assez d'un.

ooo   C'est impossible.

o8   Beaucoup de personnes vous aiment également.

8o   Les femmes bas-bleu ne sont pas estimables.

oo   Vous pouvez y compter.

oo   Cela dépendra beaucoup du gendre que vous aurez.

8   Laissez s'effeuiller la rose de vos jeunes années.

oooo   Il sera capable de tout.

oo   Les femmes ne savent faire que cela.

8oo   Ne vous y fiez pas.

oo   Tous les hommes sont trompeurs.

o8o   Cela dépendra du temps.

8oo   C'est ce qui passe le plus vite.

oo8   D'ici là, il passera bien de l'eau sous les ponts.

Si vous les élevez dans la voie de la vertu.

Non, si vous avez mené une existence calme.

Pas tant que vous croyez.

Il n'y a pas trente-six moyens.

Il n'y a pas d'empêchement à cela.

Ne faites pas cette bêtise-là.

C'est le sort commun.

Je serais de cet avis.

Demandez conseil.

Votre mari saura vous en dégoûter.

Un sage ennemi vaut souvent mieux qu'un faux ami.

Attendez que l'avenir vous l'apprenne.

Sachez donc vous mettre au - dessus de ces choses-là.

Il y a plus de chances pour non que pour oui.

N'en croyez que la moitié.

Vivez dans l'espérance.

Votre miroir vous le dit tous les jours.

Si vous savez prendre votre mari par son faible.

Il attend que vous le lui disiez.

Prenez garde ! les paroles s'envolent, les écrits restent.

Avoir des goûts modestes.

On trouve toujours ce qu'on veut.

Les blondes blanchissent moins facilement que les brunes.

Attendez d'en avoir la preuve.

Laissez-vous séduire par ses charmes.

Dans le doute, abstenez-vous.

Cela dépendra de la position que vous occuperez dans le monde.

Dans ce siècle on vit trop vite pour mourir vieux.

On attend souvent longtemps avant d'obtenir.

On fait tant de serments qu'on ne tient pas !

La fortune est si changeante !

C'est ce qui s'attrape le plus difficilement.

La présomption nuit dans l'esprit de ceux qui vous entourent.

Oui, si vous lui rendez la maison agréable.

C'est problable.

Faites ce que dit votre cœur.

A Pâques ou à la Trinité.

Si vous la mariez à son goût.

Qu'il est aimable s'il le fait à propos.

Vous ne pouvez pas vous en douter.

Pas davantage que les autres.

Si vous voulez en prendre les vices.

Bonne renommée vaut mieux que ceinture dorée.

En évitant les discussions.

Il ne serait pas impossible que vous alliez en Amérique.

Pardonnez-le-lui, c'est pour votre bien.

Vous l'avez vu encore hier.

J'aime mieux le croire que d'y aller voir.

Vous en avez trop pour cela.

Si vous lui en fournissez l'occasion.

J'aime mieux le croire que d'y aller voir.

Celle qu'il vous plaira.

Complétement.

Ce serait la première fois que cela se verrait.

Non, quand vous serez à même de sentir les amertumes de la vie.

Autant que vous-même.

Un peu de l'un, un peu de l'autre.

Pire que vous ne pouvez le supposer.

C'est complétement inutile.

Elle est aux genoux de sa belle.

Ce que Dieu vous en enverra.

N'êtes-vous donc pas au-dessus de ces mesquineries?

Feignez d'ignorer sa flamme.

Attendez-en l'expérience.

Oui, si lui-même pense à **vous.**

On ne se marie que pour ça.

Ne le cherchez pas.

Défiez-vous de la jeunesse.

Il y en a qui en doutent.

Selon que vous serez avec lui.

Vous n'y penserez pas toujours.

Tous les hommes se valent.

Il y en a bien **un** sur la quantité.

La famille vous consolera des **ans.**

Dieu seul le sait.

Oui, et un qui vous surprendra.

Sans perdre de temps, encore.

Pas de sitôt.

Il sera doux comme **un agneau.**

S'il n'en a pas, on lui en prêtera.

§ Les deux seront réunis.

oo Très-peu.

§ Si vous ne coiffez pas sainte Catherine.

ooo Vous en aurez trop d'un.

o§ Pourquoi ne le serait-il pas?

§o L'amitié n'a pas de poids ni de mesure.

§ La modestie sied aux femmes.

§ Vous serez obligé de vous en passer.

§ Rien ne dit que vous les verrez.

oooo Il sera toujours temps de le savoir quand ils viendront.

§ § Votre choix fixera le sien.

§ La jalousie engendre toujours la médisance.

§ Vous savez bien que ça ne se doit pas.

o§o Un homme cache toujours son jeu, quand il fait la cour à une demoiselle. Voyez.

§oo C'est à vous d'empêcher qu'il ne le soit.

oo§ Redoutez cela comme un grand malheur.

8    Rien n'est plus incertain.

oo    Ils seront ce que vous les ferez.

8    Comme les flots de la mer.

ooo    Quelques mois.

o8    Comme vous voudrez.

8o    Le temps n'en est pas encore venu.

8    Si vous trouvez quelqu'un à votre convenance.

8    Tout le monde est obligé de compter avec.

8    On ne peut répondre de personne.

oooo    La chose est bien hasardeuse.

8 8    Vous serez ce que voudra votre mari.

8    C'est le sort commun d'en avoir.

8    C'est le secret de Dieu seul.

o8o    C'est de l'enfantillage.

8oo    La vérité est quelquefois dure dans ces cas-là.

oo8    N'en croyez pas un mot.

S'il sait mener sa barque.

Il y en a.

Comme on fait son lit on se couche.

Il ne le saura jamais.

Il pourra s'en faire une arme un jour. Voyez
maintenant.

Ne pas envier le bonheur d'autrui.

En cherchant bien.

Les brunes blanchissent vite.

Ne vous hâtez pas de porter un jugement.

Le plus tard sera le mieux.

Attendre, est le plus sage.

Ce dont les agréments vous charment le plus.

Sachez lui épargner de grands chagrins.

Si vous savez satisfaire à la pensée de celui qui
doit vous l'envoyer.

Vous n'avez pas le droit d'en être jalouse.

Si vous savez saisir l'occasion favorable.

§   Autant que vous le voudrez.

oo   Il faudrait être aveugle pour ne pas le voir.

§   Si vous lui montrez l'exemple.

ooo   Certainement.

o§   N'y allez pas.

§o   Jamais.

§   C'est ce dont on peut le moins sûrement répondre.

oo   Qu'il ferait mieux de se taire.

§   Que vous importe si le mal est fait?

oooo   Ceux qui vous auront aimé réellement.

o o   N'aimez que celle de votre mari.

§   C'est à eux de ne jamais broncher dans leurs devoirs.

§   Vous n'avez qu'à faire comme vous avez toujours fait.

o§o   C'est à espérer.

§oo   Ne faut-il pas s'attendre à tout des hommes?

oo§   Ce n'est pas nécessaire.

Il sera emporté.

Quelques-uns.

Comme un tigre.

Cela coûte peu de promettre.

Toutes celles qu'il vous demandera.

Il ne vous a jamais remarquée.

Ce serait une exception à la règle générale.

Le temps se charge d'y mettre un terme.

Le peu qu'on en a est toujours de trop.

Votre vie sera calme.

Occupez-vous plutôt de votre ménage.

Vous n'en serez pas plus avancée.

Elle met son chapeau pour venir vous voir.

Cela vous sera impossible.

C'est assez visible.

Tournez-le en ridicule chaque fois que vous en
trouverez l'occasion.

Autant que vous-même ; ce n'est pas peu dire.

Il ne faut jurer de rien.

Ne le désirez pas.

Vous avez bien le temps d'y songer.

A peine vingt ans.

Prouvez-le , on le croira.

Comme chien et chat.

Tant que jeunesse se passera.

Ils ne sont pas meilleurs les uns que les autres.

Ne comptez que sur vous-même.

Les hivers sont toujours tristes.

On ne doit pas interroger l'avenir là-dessus.

Avant que l'année ait achevé son cours.

Oui, sous peine d'être malheureuse en ménage.

Sachez patienter.

Cela n'aurait rien que de très-ordinaire.

8    Il sera à votre goût.

oo    De raison.

8    Beaucoup.

ooo    L'avenir **vous le dira.**

o8    Le moins sera le mieux.

8o    Ils battent tous les deux à l'unisson.

8    C'est moi.

8    Vous n'êtes pas faite pour cela.

8    N'en a pas qui veut.

oooo    Oui pour vous fermer les yeux.

8    On ne peut jamais savoir ce que l'avenir nous réserve.

8    Celle que vous rêvez.

8    Vous ne serez pas sans en donner l'occasion.

o8o    Ce n'est pas le moyen de lui plaire.

8oo    Mettez-les tous les deux dans la balance, et à celui qui l'emportera sur son rival.

oo8    Il aura bien d'autres chiens à fouetter.

4

8 Sachez vous apprécier vous-même.

oo Couci-couci.

8 L'éducation des parents fait tout.

ooo Elle sera ce que vous vous la ferez.

o8 Quelques années.

8o Vous n'y réussirez jamais

8 Ce n'est défendu à personne.

8 Prenez un homme mûr, par exemple.

8 Vous seriez trop heureuse.

oooo Vous êtes payée pour agir d'expérience.

8 Redoutez de tenter la fortune.

8 Ce n'est pas votre affaire.

8 Probablement.

o8o On ne peut répondre des accidents imprévus.

8oo Sachez dominer les événements.

oo8 Il serait le modèle des époux, alors !

8 Au delà de vos espérances.

oo Si vous savez tenir les cordons de sa bourse.

8 Celui qui vous aime.

ooo Comme Paul et Virginie.

o8 Il ne s'en doute même pas.

8o Ne faites pas cela.

8 Avoir tout ce qu'on désire.

8 Si elle sait attendre.

8 On blanchit à tout âge.

oooo C'est absolument faux.

8 8 Cela vous sera bien dur.

8 Il y a plus de chances pour que contre.

8 Au gré de vos désirs.

8 Vous avez encore de longues années à le conserver.

8oo Il ne faut jamais compter sur rien, si on ne veut
pas avoir de déceptions.

oo8 Croyez ça, et puis buvez de l'eau !... vous en
boirez longtemps.

8   Vous rêvez de lui toutes les nuits.

oo   Cela dépendra de vous.

8   Pourrait-il en être autrement?

ooo   A bon chat bon rat.

o8   Il n'y a pas à en douter.

8o   Cela lui fera plaisir, et à vous aussi.

8   Ne le souhaitez pas si ardemment.

8   On est heureuse quand on veut.

8   Qu'il cherche à vous faire tomber dans ses filets.

oooo   A tout péché, miséricorde.

88   Le nombre de ceux-là sera restreint.

8   Oui, si vous voulez vous perdre.

8   Vivez dans cette espérance.

o8o   En n'écoutant que les bons conseils.

8oo   Vous irez partout où vous voudrez.

oo8   Chaque fois qu'il parle.

Le plus simple est de le dire.

Grincheux.

Vous n'en avez pas.

Cela dépendra surtout de vous.

Il est sincère.

Le moins possible.

Il vaut mieux que vous ne le sachiez pas.

Ce n'est pas l'ordinaire.

On ne se refait pas.

Ils ne seraient pas remarqués.

L'avenir vous épargnera l'excès dans l'un et l'autre.

Vous y resplendissez comme la rose au milieu du parterre.

Attendez d'être écorchée pour crier.

Vous seriez trop furieuse si vous le saviez.

Oui, si vous vivez en bonne intelligence avec votre mari.

Que vous importe tant que vous n'avez pas à en souffrir !

4.

Chaque fois que vous en trouverez l'occasion.

Comme tout le monde.

C'est ce qu'il y a de moins sûr.

Plus que vous n'en voudrez.

Cela vous arrivera toujours trop tôt.

Entre vingt-cinq et cinquante.

Personne n'en doute.

D'une amitié très-respectueuse.

On finit par avoir en horreur ce qu'on a bien aimé.

Prenez le premier venu.

Vous êtes votre plus sincère ami.

Ce serait trop de bonheur.

On ne peut pas répondre de la fatalité.

C'est toujours doux de vivre de cette espérance.

C'est si doux le raccommodement !

Plus tôt que vous ne croyez.

Il suivra votre exemple.

Il n'aura pas besoin de cela pour plaire

D'inclination.

Deux jumeaux.

La beauté n'a pas d'âge.

Un seul, c'est bien assez.

Vous ne le saurez que trop tôt.

C'est vous-même.

Il y a peu de probabilités

Caressez-en l'espoir.

Oui, pour les gâter.

En vous y attendant d'avance, vous en serez
moins surpris.

Le vôtre et le sien iront ensemble.

Il faut savoir se mettre au-dessus de ces basses-
ses-là.

La femme n'est point faite pour cela

Défiez-vous des beaux parleurs.

Tout passe, surtout ça.

Ils ne disent pas ce qu'ils pensent, ceux qui vous en donnent.

Si vous savez vous ménager.

Oui, s'ils sont soucieux de leurs devoirs.

Plus que vous ne pouvez vous l'imaginer.

Le plus sera le mieux.

Vous y perdrez votre temps.

Ne comptez pas dessus.

Oui, si vous trouvez un bon parti.

Il n'y aurait rien d'impossible.

La première leçon ne vous suffit-elle pas ?

Rien ne vaut, bâti sur le sable.

La femme ne doit point avoir de volonté dans le ménage.

Pas trop, mais suffisamment comme ça.

Nul ne peut le savoir.

C'est comme si vous chantiez ! cela ne vous servira de rien.

Ce cas-là est un de ceux où la vérité n'est pas bonne à dire.

Votre prudence en est la garantie.

S'il sait se modérer.

Personne n'est parfait.

Oui, si vous accomplissez tous vos devoirs.

Qui voulez-vous qui lui ait dit ?

Il s'en formaliserait.

Avoir dix mille livres de rentes.

Il faut savoir se contenter.

Vous n'en serez pas plus mal pour cela.

Il n'y a pas un mot de vérité.

Ce n'est pas si facile qu'on croit.

On ne peut pas prévoir l'inconnu.

Vos intérêts vous retiendront peut-être là où vous vous plairez le moins.

Il vaut mieux espérer que savoir.

Il ne faut jamais se leurrer d'espérances.

Autant qu'il a de dents de moins.

Vous l'avez déjà vu plus d'une fois.

Votre sort est entre vos mains.

On vous le dit tous les jours.

Il vous rendra la monnaie de votre pièce.

Ne vous l'a-t-il pas fait comprendre maintes fois?

Réfléchissez-y bien auparavant.

Quand vous vous y attendrez le moins.

Si elle sait prendre son mari.

Que la parole est d'argent, mais que le silence est d'or.

Il n'y a pas d'heure pour cela.

L'oubli est la principale occupation des femmes.

Ne soyez pas ambitieuse.

N'ayez point ce vain orgueil.

En fuyant les connaissances pernicieuses.

Ce qui vous fait plaisir, fera plaisir à votre mari.

Vos rivales.

Gentiment, sans le blesser.

Aimable au possible.

Difficilement,

Vous n'en n'éprouverez que trop tôt les effets.

Trop de crédulité nuit.

Celles que vous ne pourrez pas lui refuser.

Ni trop, ni trop peu.

Le contraire est plutôt probable.

Les enfants y mettront un frein.

Tous les maris en ont aux yeux de leurs femmes.

La douleur est plus fréquente que la joie.

Chacun y est jugé selon sa valeur.

Ce n'en est pas la peine.

Vous ne la préoccupez guère en ce moment.

Oui, si cela ne dépendait que de moi.

Il faut l'espérer.

Trop souvent pour son malheur.

C'est ce qui le fera remarquer.

Vous n'y pensez pas assez sérieusement pour cela.

Peu.

Cela vient sans qu'on y songe.

Oui, de caractère.

Accomplie, même.

Moins que de raison,

Un jour viendra où vous laisserez cela de côté.

Peu importe l'origine !

Le désintéressement n'a plus cours.

N'espérez point pour ne pas avoir de désillusions.

Prenez le sort comme il viendra.

Si vous attendez après cela pour vivre, vous avez le temps de mourir de faim.

Il n'y a pas à en douter.

8   Confiez-vous au choix de votre cœur.

oo   Il sera inflexible.

8   Certainement, à vos yeux.

ooo   D'argent.

o8   Rien qu'un.

8o   Vous avez bien le temps d'y songer.

8   Vous avez bien le temps d'attendre.

8   Le vôtre doit vous le dire.

8   Sa modestie se fâcherait de mon aveu.

oooo   Oui, dans votre ménage.

8 8   Oui, pour y planter vos choux.

8   Oui, pour égayer votre vieillesse.

8   Vous aurez le courage nécessaire pour supporter les événements.

o8o   Propriétaire et fermier.

8oo   Le mépris doit être votre réponse.

o8   Il vous en cuira.

Il sera bien assez temps quand le mal sera venu.

Les plus belles choses ont le pire destin.

Rien ne se donne plus facilement que cela.

On ne peut jurer de rien.

Si vous savez éteindre en eux le germe des passions.

Oui, mais il y a remède au mal.

Presque aussitôt.

Attendez qu'il vous ait déclaré sa flamme.

Il vous manque le principal pour cela.

Ne le faites pas à la légère.

Cela arrive quand on s'y attend le moins.

Mettez-la à l'épreuve auparavant.

Les châteaux de cartes s'effondrent facilement.

Gardez-vous même de l'essayer.

Les caractères acariâtres s'en font toujours.

La mort n'a point de favoris ; elle fauche chacun à son tour.

Il est en route en ce moment.

C'est bien douteux.

Rappelez-vous que : qui trop embrasse, mal étreint.

S'il ne manque pas de fermeté.

Il faudrait être bien difficile pour penser autrement.

Ne demandez pas l'impossible.

Ne vous hâtez pas de lui faire savoir.

C'est contraire aux convenances.

N'avoir rien à désirer.

Ne visez pas trop haut.

Personne ne peut lutter contre.

C'est pour lui nuire dans votre esprit.

Ne contrariez pas vos goûts.

Ne comptez pas sur l'imprévu.

La campagne, avec des rentes.

La vérité vous serait cruelle.

Vous en serez à même plus d'une fois.

Plus souvent qu'à son tour.

Il cherche à vous plaire en ce moment.

Si vous savez obéir à votre mari.

Gardez-vous de le savoir.

Comme un caniche.

Il est à craindre que non.

On sait quand on y va, mais on ne sait pas quand on en revient.

Bientôt.

Si elle sait s'y prendre.

Trop gratter cuit, trop parler nuit.

On ne peut répondre de rien.

Celui qui vous aime.

Vous vous en repentiriez.

Vous n'en serez pas plus heureux pour ça.

En mettant à profit leurs leçons.

Le moins possible sera le mieux pour vous.

On envie toujours le bonheur des autres.

Faites-lui comprendre votre indifférence à son égard.

Ce que vous le ferez.

Vous demandez trop d'indulgence.

C'est à vous de ne pas lui en fournir l'occasion.

Attendez qu'il vous le prouve.

Vous savez mieux que moi celle qui vous demandera.

Pas précisément.

C'est si rare que je n'y crois pas

On ne rit pas toujours.

Ses qualités feront passer ses défauts.

La joie se trouve plus rarement que le chagrin.

La meilleure.

Il vaut mieux penser à autre chose.

Elle vous fait des traits.

La femme doit toujours être soumise et docile à son mari.

Non, tant que vous n'y apporterez pas le remède.

Trop souvent pour votre malheur.

Il n'aura point son pareil.

S'il veut de vous.

Beaucoup.

Ne le désirez pas si ardemment.

Ne vous en inquiétez pas.

Soyez-en sûre.

Si vous savez ne pas le gêner

On se lasse de tout.

Vous irez le chercher bien loin.

Gardez vos illusions.

C'est trop scabreux pour en répondre.

Attendez-vous à tout.

Si votre oncle d'Amérique pense à vous.

8    La femme n'est pas faite pour porter la culotte.

oo    A la plus sérieuse.

8    Quand il le faudra.

ooo    Comme l'Apollon du Belvédère.

o8    De convenance.

8o    Autant que vous en désirez.

oo    Vous le désirez donc bien!

oo    Trois. Que cela ne vous effraye pas.

8    Il n'y a pas de différence.

oooo    Elle vous en donnera bientôt une preuve éclatante.

8 8    Ce n'est pas nécessaire pour être heureux.

8    On fera toutes vos volontés.

oo    Au gré de vos désirs.

o8o    Toutes les familles ont les leurs.

8oo    La plus lucrative de toutes.

oo8    Il y a tant de gens qui ne savent rien faire de mieux.

Il vaut mieux ne pas savoir **ces** choses-là.

Il faut toujours prendre le temps comme il vient.

Est-ce que les roses ne se fanent jamais?

Vous êtes payée pour n'y pas croire.

Un accident est si vite arrivé.

Ils vous feront honneur.

Fais ce que dois, advienne que pourra.

Ça ne tardera pas.

Patientez encore.

Si vous êtes bien secondée.

Oui, si vous en avez le courage.

Il faut savoir l'éviter par des soins antérieurs.

N'agissez en rien à la légère.

Les châteaux en Espagne n'ont guère de valeur.

On vous montrerait au doigt.

Vous pourriez en avoir moins.

C'est à souhaiter pour vous.

On ne vous l'enverra pas.

Il m'a défendu de vous le dire.

Si vous n'entreprenez pas trop.

S'il sait vaincre vos caprices

Les hommes trouvent généralement les femmes toujours jolies.

Le bonheur est une rose qu'il' est difficile de cueillir.

Les hommes devinent tout.

Eviter de le faire.

Ne pas avoir d'ennemis.

Elle aura ce bonheur.

Après la cinquantaine.

Ce n'est que par envie.

Suivez votre inspiration.

On a vu des bâtiments sombrer en arrivant a port.

Les deux alternativement.

Quels sont les parents qui retirent leur amour à leur progéniture ?

Oui, si vous ne redoutez pas la mer.

Toutes les fois que ça lui arrive.

Il a déjà fait battre votre cœur.

Si vous savez vous attacher son cœur.

Vous devez l'ignorer.

Il sera fidèle, si vous lui êtes soumise.

C'est ce qu'il y a de moins certain.

C'est bien dangereux.

Quand vous serez moins coquette.

En sachant y attirer son mari.

Que ce qu'il dit ne prouve rien.

Le soupçon est pire que la chose réelle.

Après vous la fin du monde.

Fuyez-le comme l'enfer, au contraire.

C'est un doux espoir à nourrir.

Elle ne s'occupe nullement de vous.

Dame! cela dépendra beaucoup de vous.

Le monde est si méchant!

Il n'a qu'à interroger l'oracle des Messieurs.

Changeant comme le caméléon.

Quelques personnes.

Vous n'en souffrirez pas en feignant de l'ignorer.

Vous serez bientôt éclairée là-dessus.

Prenez garde qu'il la prenne sans vous consulter

Il vous le dira bientôt.

Il faut souvent si peu de chose.

On pleure quelquefois.

Dame ! l'homme n'est pas parfait.

Ne comptez sur rien.

Le monde est plutôt porté à la critique qu'aux louanges.

Où cela vous mènerait-il ? A rien.

Attendez la mort de votre oncle d'Amérique.

Les lois conjugales l'ordonnent.

Il faut prendre son mal en patience.

Plus souvent que de raison.

Ne souhaitez pas qu'il en ait trop.

L'homme est bien inconstant.

Je ne voudrais pas en mettre ma main au feu.

D'abord trouver une personne.

Ce sera son plus grand défaut.

Ne l'avez-vous pas prouvé, déjà ?

Si vous le laissez tranquille.

Les meilleures choses finissent par lasser.

Tous les goûts sont dans la nature.

La sincérité n'habite plus dans ce monde.

La tristesse est le symbole de la fin de la vie.

Votre désir sera exaucé.

Chaque fois qu'on en trouvera l'occasion.

Occupez-vous de votre pot-au-feu.

Redoutez celui qui flatte vos goûts.

Ce sera son plus grand défaut.

Comme un astre.

Vous aurez le choix.

Une douzaine, sinon plus.

A question inutile, pas de réponse.

Il est bien tard pour en espérer.

Demandez-le lui ; il vous le dira mieux que moi.

Personne.

Laissez cela aux hommes.

Vos désirs seront comblés.

Une nombreuse famille.

Vous seriez la seule à n'en point avoir.

La plus utile qui existe.

8 Vous vous en faites tous les jours.

oo Si tard que ce soit, la vérité vous désolerait toujours.

8 Cela viendra toujours assez tôt.

ooo Cela ne se serait jamais vu.

o8 C'est ce qui se donne le plus facilement.

8o On ne commande pas aux maladies.

8 S'ils suivent vos préceptes.

8 Vous ne le saurez que trop tôt.

8 Ne le désirez pas si vivement.

oooo Sachez attendre.

8 8 Espérez toujours.

8 Vous savez ce qu'il en retourne.

8 Vous pouvez vous en exempter, par des ménage-
ments.

o8o Il ne faut pas accuser sans être sûre.

8oo Prenez garde de compter sans votre hôte.

oo8 Non, si vous voulez conserver son affection.

8   Comme il vous plaira.

oo   Si vous savez lui éviter les chagrins.

8   Plus tôt que vous ne croyez.

ooo   Vous seriez désolée de le savoir.

o8   Rien ne réussit jamais complétement.

8o   S'il est le maître chez lui.

o8   On ne peut plaire à tout le monde.

8o   Si vous savez vous contenter de ce que vous aurez.

8oo   Pour qu'il le sache, il ne faudrait pas lui cacher.

oooo   Gardez-vous-en bien.

8o   N'être jaloux de personne.

8oo   Ce n'est pas donné à tout le monde.

oo8   Oui, de très-bonne heure.

o8o   C'est la jalousie qui fait parler ainsi.

8oo   A-t-il donc tant d'ennuis pour vous !

o8   La prudence est mère de la sûreté.

8  S'ils savent profiter de leur instruction.

oo  Oui, en faisant toujours le bien.

8  Au gré de vos souhaits.

ooo  Quand il ne peut pas faire autrement.

o8  Vous êtes déjà sensible à ses prévenances.

8o  C'est bien fragile.

8  Pas le moins du monde.

8  Oui, mais ne mettez jamais sa fidélité à l'épreuve.

8  L'homme est trop volage pour cela.

oooo  Rien ne vous y oblige.

8  Vous avez encore le temps d'attendre.

8  En évitant les discussions inutiles.

8  Qu'il aurait mieux valu qu'il fût muet.

o8o  Vous en êtes la cause vous-même.

8oo  Contentez-vous de laisser une bonne odeur après
vous.

oo8  On n'y rencontre que fausses joies et déceptions.

8 Tout a sa raison d'être.

oo Elle dit à une jeune fille qu'elle est jolie.

8 Votre mari vous le dira.

ooo Qu'importe si vous l'avez mérité.

o8 En ne faisant aucune attention à lui.

8o Il se laissera mener par le bout du nez.

8/oo Ceux qui veulent vous flatter.

oo/o Les maris le sont tous.

8 L'oracle ne croit guère à ces promesses-là.

oooo Il la prendra sans vous le demander.

8 8 Cela vous ennuierait de le savoir.

8/oo Il y a peu de chances.

oo/8 Vous aimerez toujours la gaieté.

o°o Vous n'aurez pas à en souffrir.

8 oo Ne cherchez donc point à troubler le restant de
vos jours.

oo8 Un jeune homme vous a remarquée.

Ce sont de ces choses qu'on doit ignorer.

Tôt ou tard cela viendra.

La rancune prouve un vilain caractère.

Avec le temps on arrive à bout de tout.

Vous vous en voudriez d'en laisser échapper la moindre occasion.

Ne désirez pas qu'il en ait plus que vous.

N'y comptez pas.

Trop tôt pour votre malheur.

Vous en êtes donc bien pressée.

Que cela ne vous tourmente guère.

Oui et non.

Si vous n'intervenez pas dans son intérieur.

Vous ne le direz pas toujours.

Comme il vous plaira.

L'homme est égoïste avant tout.

Ne voyez point l'avenir trop en noir.

8 Il aura la plus belle des professions.

oo Il y a des gens qui ne se croient créés et mis au monde que pour ça.

8 Laissez cela aux prudes.

ooo Attendez encore pour fixer votre choix.

o8 Assez pour votre chagrin.

8o Autant que vous-même.

8/oo Comme il vous plaira.

oo/8 Vous pouvez être sûre d'en avoir au moins quatre.

8/8 D'ici peu de temps.

oooo Cela ne dépendra que de vous.

8 8/o o Vous le saurez bien assez tôt.

8/oo Il n'y en a pas.

oo/8/o Vous serez comme le commun des mortels.

o8o Une bien modeste.

8oo Plus que vous ne voudrez.

oo8 Vous serez l'exception de la règle.

Ce ne serait pas à faire.

Qui n'en a pas ?

Avant que vous n'ayez des cheveux blancs.

Attendez d'en avoir le droit.

Ce serait la première fois que cela se verrait.

On ne peut pas vous dire le contraire.

La vérité vous contrarierait.

S'ils ont l'amour de leurs parents.

Toujours.

Le temps que vous voudrez.

Rien ne presse encore.

Oui, à moins d'une catastrophe imprévue.

Trouvez-vous heureuse comme vous êtes.

Ayez confiance.

Craignez de froisser sa susceptibilité.

Cela demande bien de la réflexion.

Tout est possible.

Ce qui fera plaisir à **votre mari.**

Non, s'il a du repos après la cinquantaine.

Comptez dessus, et buvez de l'eau...

Il y a tant d'occasions... d'aimer.

Il y a toujours quelque chose qui cloche dans tout.

Oui, si vous ne portez pas la culotte dans le mé. age.

Puisqu'on vous le dit tous les jours.

**Oui,** si vous ne cherchez pas le bonheur ailleurs.

Il attend de l'apprendre de votre bouche.

La parole est d'argent, mais le silence est d'or.

Se passer toutes ses fantaisies.

Si elle sait plaire.

Plus tôt que vous ne **voudrez.**

Vous auriez grand tort.

Vous savez ce que vous avez, vous ne savez pas ce que vous aurez.

Vos talents vous en faciliteront l'entrée.

S'ils emploient bien leur jeunesse.

Oui, si vous marchez toujours dans la voie qu'ils vous ont indiquée.

Pas de si tôt.

Le plus qu'il peut.

Pas encore.

Jusqu'à la fin de vos jours.

On ne s'en préoccupe pas.

Oui, si vous comprenez son cœur.

Il fait semblant.

Ce n'est pas nécessaire.

Il vaut mieux que vous l'ignoriez.

Son bonheur est entre ses mains.

Qu'il a besoin de se reposer.

Ne vous plaignez pas de votre sort : vous en êtes la cause.

Qu'importe, quand on laisse une réputation sans tache.

On vous estime à votre juste valeur.

Ne vous forgez pas d'inutiles chimères.

Elle est au bal où elle s'amuse beaucoup.

Ce n'est pas à souhaiter.

Il ne peut en être autrement.

En cherchant à l'éviter.

Docile à vos moindres désirs.

Aucun de ceux qui vous portent véritablement intérêt.

Un mari l'est toujours, plus ou moins.

Vous n'avez pas de raison pour en douter.

Un baiser peut se donner.

Dans peu de jours vous le saurez.

On en parlerait dans les journaux, si cela se voyait.

La gaieté efface bien des peines.

Très-peu.

Dans ce cas, le doute vaut mieux que la certitude.

On récolte ce qu'on a semé.

Vos vœux ne seront point exaucés.

Vous avez le droit d'en attendre.

C'est ce que vous aurez de mieux à faire.

Il ne faut pas en douter.

C'est le piment de l'amour.

Cette monnaie-là n'a pas cours.

Ne vous fiez pas à vous-même en matière d'amour.

Une nombreuse famille.

Il faut encore attendre.

Pas trop.

Il y a toujours des incrédules.

Tant qu'il n'aura pas de raison du contraire.

Vous y renoncerez bien vite.

Vous serez à même de choisir.

Oui, s'ils y trouvent leur intérêt.

Vous aurez ceux que vous vous serez créés.

Il vivra de ses rentes.

Tous les gens qui n'ont pas autre chose à faire.

Cela ne mène à rien de bon; au contraire.

Réfléchissez, il y va de votre bonheur.

Cela dépendra des concessions que vous lui ferez.

Comme un homme qui a eu la petite vérole.

Vous en serez la maitresse.

Six ou sept.

Si vous savez vous y prendre.

Aucun, pour votre bonheur.

Cherchez à le savoir le plus tard possible.

Celle que vous croyez le moins.

Visez plutôt au bonheur intime.

Une, sinon plusieurs.

Fiez-vous en la sagesse de la Providence.

Je vous y engage fortement.

Il ne manquerait plus que ça !

Vous seriez la seule à n'en pas avoir.

Le plus tard sera toujours trop tôt.

Non, car la fortune vous sourira.

Il durera ce que durera le vôtre.

On ne dit jamais ce qu'on pense.

A jeunesse volage, vieillesse avant l'âge.

Il n'y a pas de règle sans exception.

Nul ne le sait.

Cela dépendra entièrement de vous.

Vous devez attendre ses aveux pour cela.

Oui, si vous savez employer votre temps.

Rien n'est tel que d'être son maître.

C'est à vous de prendre des précautions.

Rien ne vous en fournit l'occasion.

Ce serait dommage, en vérité.

On doit tout espérer.

Si vous préférez les charmes de la campagne.

L'activité est la santé de l'homme.

Avec de la patience, vous l'aurez.

Vous n'en finirez jamais de compter vos rivales.

Évitez de vous faire des illusions.

Il éprouvera des revers.

Oui, à part quelques imperfections.

N'escomptez pas l'avenir.

Il n'ose croire à tant de bonheur.

Faites ce que votre cœur vous dira de faire.

On n'a pas encore trouvé le moyen.

Elle n'a pas le droit d'être exigeante.

Cela vient toujours plus tôt qu'on ne veut.

Usez de prudence et de discrétion.

8    Oui, si vous avez su vous faire aimer.

oo    Complaisez-vous de préférence dans la modestie.

8    Ils ont l'étoffe pour cela.

ooo    Oui, si vous le méritez toujours.

o8    On vous en offrira l'occasion.

8o    Le moins souvent possible.

8    Vous ferez bientôt sa connaissance.

8    Jusqu'à l'heure du mariage.

8    On sait vous estimer à votre juste valeur.

oooo    Tout dépend de la manière de s'y prendre.

o o o    Le contraire serait de l'ingratitude.

8oo    Attendez le second pour y aller la première fois.

oo8    Quand vous serez plus mûre.

o8o    En lui laissant épouser celui qu'elle aime.

8oo    Qu'il ne se doute pas qu'il est ennuyeux.

oo8    Je ne voudrais pas en mettre ma main au feu.

L'existence est panachée de l'une et de l'autre.

Celle que vous méritez.

Dissipez ce qui n'est que soupçon.

Elle est dans les bras de Morphée.

Vous n'êtes sur terre que pour ça.

Laissez ces futilités à d'autres.

En critiquant les défauts qu'il a.

Il n'aura que votre volonté pour guide.

Le monde est implacable.

Oui, pour votre malheur.

Il tiendra ce qu'il promet.

Un baiser, pas plus.

Vous ne le saurez que trop tôt.

Ce n'est pas dans les choses ordinaires.

C'est l'apanage de l'insouciance.

Pas le plus petit.

6.

8 Qui ne cache pas son jeu ici-bas.

oo Vous n'aurez pas le temps de l'éprouver.

8 Il vaut mieux l'ignorer.

ooo Un intrigant vous le soufflera.

o8 C'est dans les règles du devoir.

8o Tout ne passe-t-il pas !

oo Le plus souvent que vous pourrez, pour avoir l'occasion de vous raccommoder.

oo Assez pour tromper votre crédulité.

8 Vous lui êtes indifférente.

oooo C'est bien inutile de le savoir auparavant.

o o  Cela viendra plus tôt que vous ne voudrez.

8 Cela ne vous servirait à rien de le savoir.

oo Pas encore.

o o o Ce n'est pas si sûr que du vinaigre.

8oo Cela vous sera indifférent plus tôt que vous ne pensez.

oo8 Sachez vous contenter de celui qui se présentera.

Ce sera le bonheur de vos vieux jours.

Vos enfants ne vous donneront peut-être pas toutes les joies auxquelles vous vous attendez.

Employé dans un bureau.

Les bonnes amies, histoire de passer le temps.

C'est généralement une cause de discorde.

Au plus fortuné.

Pas plus que vous-même.

Ni beau, ni laid.

Un peu de l'un, un peu de l'autre.

Il vaut mieux en ignorer le nombre d'avance.

Désirez-le le plus longtemps possible.

Vous en aurez plusieurs.

Ne soyez pas si pressée de le savoir.

Qui ne vous aimerait pas?

Préoccupez-vous de préférence de votre ménage.

Après une vie laborieuse.

La prudence vous le commande.

C'est le moyen de réussir.

Oui, si vous voulez recevoir des coups

C'est le sort commun d'en avoir.

Ne cherchez pas à pénétrer l'avenir dans ce cas.

Ce n'est pas la peine de se forger des chimères d'avance.

Il y a un terme à tout.

Vous le savez mieux que personne.

Selon que vous aurez mené une vie sage ou non.

Il ne faut pas vouloir l'impossible.

Craignez tout de vos passions.

Vous l'êtes déjà sans que vous vous en doutiez.

Le moyen que votre cœur vous dictera.

Si vous savez détourner un obstacle qui se présentera.

Tous les goûts sont dans la nature.

Cela arrive à tout le monde.

8 N'ajoutez pas foi aux discours des envieux.

oo Attendez d'être lasse de ses appas.

8 On ne doit jamais douter de rien.

ooo Si vous aimez mieux les plaisirs citadins.

o8 Oui, si les malheurs ne l'abattent pas.

8o Vous avez le temps de compter dessus.

8 Il en a aimé autant que vous avez de cheveux sur la tête.

8 La déception est chose commune.

8 Si l'adversité ne l'abat pas complétement.

oooo On ne vous le dira que trop tôt.

8 8 Que de jeunes filles l'ont demandé.

8 Il le lit tous les jours dans vos yeux.

8 A quoi cela vous servirait-il ?

o8o Etre suffisamment riche.

8 oo Qu'elle prenne garde de ne rien trouver du tout.

oo8 Subitement.

Autant que toujours.

Moins que vous ne le pensez.

Ne cherchez pas à sortir de votre rang.

Selon que vous les produirez.

Si vous êtes toujours fidèle à l'honneur.

Si votre mari sait accéder à tous vos désirs.

Assez souvent.

Vous le rencontrerez au prochain bal où vous irez.

Cela vous semblera toujours trop court.

Ce serait de la fatuité de votre part que de le croire.

Hélas ! les hommes sont si volages !

Oui, et même au delà.

Oui, si vous n'avez crainte de n'y rien oublier.

Le plus tard sera le mieux.

En ne contrariant pas son inclination.

Que la réserve n'est pas son apanage.

8   Il en sera rempli.

oo   Plus de peine que de plaisir.

8
ooo   On ne s'en occupe même pas.

ooo   Aucunement.

o8   Elle s'apprête pour aller à un rendez-vous.

8o   Oui, si vous suivez bien le précepte de l'Évangile :
« Croissez et multipliez, etc. »

o
oo   Non, s'il ne porte ombrage à personne.

oo
o   En n'acceptant pas les compliments qu'il vous
adresse.

8
ooo   Entre les deux.

oooo   Il y aurait trop à faire.

o o
o o   Il sera trop aveugle pour cela.

8
oo   Pourquoi pas !

oo
8   Celle qu'il vous demande.

o°o
o   Attendez qu'il vous l'apprenne.

8oo   En faisant des concessions chacun de votre côté.

oo8   Attendez d'avoir quarante ans.

Cela dépendra où vous irez le chercher.

Il y en a sur le nombre.

Demandez-le à votre jeunesse.

La vérité vous causerait trop de chagrin.

Peu de chose.

Vous ne ferez que votre devoir.

A la longue.

Depuis le premier jour jusqu'au dernier.

Ce sera toute sa fortune

Il ne le voudra pas.

Oui, pour manger votre bien en herbe.

Vous aurez beau faire.

Il sera comme vous le prendrez.

Cela viendra plus tard.

N'ayez point cette illusion.

Il arrive un âge où l'on n'a plus de goût à rien.

# ORACLE
# DES HOMMES

## MARIS, AMANTS
## GARÇONS & VEUFS

# PROPHÈTE INFAILLIBLE

### DU

## SEXE SOI-DISANT FORT

### ET

## LE MAITRE

### (APRÈS CES DAMES)

CLICHY. — Imp. Paul Dupont, 12, rue du Bac-d'Asnières

# QUESTIONS

## AUXQUELLES L'ORACLE RÉPOND INFAILLIBLEMENT.

1. La femme que j'aime pense-t-elle à moi ?
2. Mes espérances seront-elles réalisées ?
3. Ma femme sera-t-elle jolie ?
4. Me marierai-je ?
5. Ferai-je toujours honneur à mes affaires ?
6. Ferai-je de longs voyages ?
7. Ma femme m'est-elle fidèle ?
8. Aurai-je des enfants ?
9. La femme que j'épouserai sera-t-elle riche ?
10. Dois-je avoir confiance dans mes amis ?
11. Dois-je prendre un associé ?
12. Aurai-je des procès ?
13. Vivrai-je de mes rentes un jour ?
14. Faut-il rester où je suis ou tenter la fortune ?
15. Dois-je quitter la carrière militaire ?
16. Ai-je des envieux ?
17. Aurai-je plus de peine que de plaisir ?
18. Aurais-je toujours de l'ouvrage ?
19. Serai-je infirme avant l'âge ?
20. Mes enfants me feront-ils honneur ?
21. Dois-je entreprendre l'affaire qu'on me propose ?
22. Les parents de ma femme m'aiment-ils ?
23. Dois-je me marier ou rester garçon ?
24. Serai-je heureux en ménage ?
25. La lettre que j'attends arrivera-t-elle ?
26. Dois-je retourner dans mon pays ?
27. Celle que je dois épouser est-elle encore sage ?
28. Dois-je me remarier en secondes noces ?
29. Quel est le moyen pour que je sois heureux ?
30. Ce que je redoute arrivera-t-il ?
31. Ce que 'entreprendrai réussira-t-il ?

# CE QUE L'ON DOIT FAIRE

POUR OBTENIR LA RÉPONSE À CE QUE L'ON DEMANDE
DE L'ORACLE.

Il n'y a qu'à se reporter au commencement de ce
volume, aux explications données aux pages VI et VII
pour l'Oracle des Dames; c'est exactement la même
marche à suivre. Après avoir choisi dans le questionnaire la demande qu'il vous plaît de faire, on ferme les
yeux, et l'on pique ensuite avec une épingle un des
petits carrés du tableau que nous reproduisons ci-dessous, pour plus de commodité :

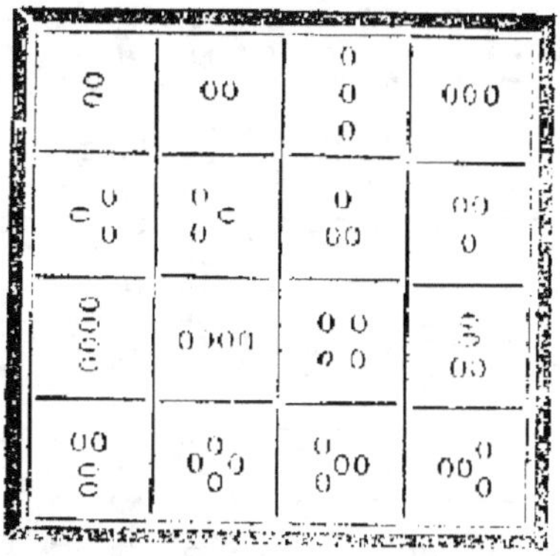

On remarque bien le signe sur lequel s'est reposée
la pointe de l'épingle et l'on consulte le tableau qui
commence à la page 104. On suit la ligne transversale
indiquée par le numéro de la question jusqu'à ce qu'on
arrive à la colonne en tête de laquelle se trouve le signe
pareil à celui que l'épingle a indiqué ; et le numéro de
la case de cette colonne où l'on sera arrivé, indiquera
la page où l'on trouvera la réponse, en se portant à la
ligne correspondant au signe designé par le Destin.

## TABLEAU INDIQUANT LA PAGE ET LA LIGNE DE LA RÉPONSE A CHAQUE QUESTION.

| NUMÉROS des Questions | SIGNES CORRESPONDANT A CEUX DES LIGNES DE CHAQUE PAGE. | | | | | | | | | | | | | | | |
|---|---|---|---|---|---|---|---|---|---|---|---|---|---|---|---|---|
| | o o | oo | o o o | ooo | o oo | oo o | o / oo | oo / o | o o o o | oooo | oo / oo | oo / oo | oo / oo | o°o / o | o / ooo | oo / o° |
| 1 | 111 | 116 | 121 | 126 | 131 | 136 | 110 | 115 | 120 | 125 | 130 | 135 | 109 | 114 | 119 | 124 |
| 2 | 112 | 117 | 122 | 127 | 132 | 106 | 111 | 116 | 121 | 126 | 131 | 136 | 110 | 115 | 120 | 125 |
| 3 | 113 | 118 | 123 | 128 | 133 | 107 | 112 | 117 | 122 | 127 | 132 | 106 | 111 | 116 | 121 | 126 |
| 4 | 114 | 119 | 124 | 129 | 134 | 108 | 113 | 118 | 123 | 128 | 133 | 107 | 112 | 117 | 122 | 127 |
| 5 | 115 | 120 | 125 | 130 | 135 | 109 | 114 | 119 | 124 | 129 | 134 | 108 | 113 | 118 | 123 | 128 |
| 6 | 116 | 121 | 126 | 131 | 136 | 110 | 115 | 120 | 125 | 130 | 135 | 109 | 114 | 119 | 124 | 129 |
| 7 | 117 | 122 | 127 | 132 | 106 | 111 | 116 | 121 | 126 | 131 | 136 | 110 | 115 | 120 | 125 | 130 |
| 8 | 118 | 123 | 128 | 133 | 107 | 112 | 117 | 122 | 127 | 132 | 106 | 111 | 116 | 121 | 126 | 131 |
| 9 | 119 | 124 | 129 | 134 | 108 | 113 | 118 | 123 | 128 | 133 | 107 | 112 | 117 | 122 | 127 | 132 |
| 10 | 120 | 125 | 130 | 135 | 109 | 114 | 119 | 124 | 129 | 134 | 108 | 113 | 118 | 123 | 128 | 133 |
| 11 | 121 | 126 | 131 | 136 | 110 | 115 | 120 | 125 | 130 | 135 | 109 | 114 | 119 | 124 | 129 | 134 |
| 12 | 122 | 127 | 132 | 106 | 111 | 116 | 121 | 126 | 131 | 136 | 110 | 115 | 120 | 125 | 130 | 135 |
| 13 | 123 | 128 | 133 | 107 | 112 | 117 | 122 | 127 | 132 | 106 | 111 | 116 | 121 | 126 | 131 | 136 |
| 14 | 124 | 129 | 134 | 108 | 113 | 118 | 123 | 128 | 133 | 107 | 112 | 117 | 122 | 127 | 132 | 106 |
| 15 | 125 | 130 | 135 | 109 | 114 | 119 | 124 | 129 | 134 | 108 | 113 | 118 | 123 | 128 | 133 | 107 |

SUITE DU TABLEAU.

| NUMÉROS des Questions | SIGNES CORRESPONDANT A CEUX DES LIGNES DE CHAQUE PAGE. | | | | | | | | | | | | | | | |
|---|---|---|---|---|---|---|---|---|---|---|---|---|---|---|---|---|
| | oo | oo | ooo | ooo | oo | oo | oo | oo | oooo | oooo | oo/oo | oo/oo | oo/oo | oo/oo | oo/oo | oo/oo |
| 16 | 126 | 131 | 136 | 110 | 115 | 120 | 125 | 130 | 135 | 109 | 114 | 119 | 124 | 129 | 134 | 108 |
| 17 | 127 | 132 | 106 | 111 | 116 | 121 | 126 | 131 | 136 | 110 | 115 | 120 | 125 | 130 | 135 | 109 |
| 18 | 128 | 133 | 107 | 112 | 117 | 122 | 127 | 132 | 106 | 111 | 116 | 121 | 126 | 131 | 136 | 110 |
| 19 | 129 | 134 | 108 | 113 | 118 | 123 | 128 | 133 | 107 | 112 | 117 | 122 | 127 | 132 | 106 | 111 |
| 20 | 130 | 135 | 109 | 114 | 119 | 124 | 129 | 134 | 108 | 113 | 118 | 123 | 128 | 133 | 107 | 112 |
| 21 | 131 | 136 | 110 | 115 | 120 | 125 | 130 | 135 | 109 | 114 | 119 | 124 | 129 | 134 | 108 | 113 |
| 22 | 132 | 106 | 111 | 116 | 121 | 126 | 131 | 136 | 110 | 115 | 120 | 125 | 130 | 135 | 109 | 114 |
| 23 | 133 | 107 | 112 | 117 | 122 | 127 | 132 | 106 | 111 | 116 | 121 | 126 | 131 | 136 | 110 | 115 |
| 24 | 134 | 108 | 113 | 118 | 123 | 128 | 133 | 107 | 112 | 117 | 122 | 127 | 132 | 106 | 111 | 116 |
| 25 | 135 | 109 | 114 | 119 | 124 | 129 | 134 | 108 | 113 | 118 | 123 | 128 | 133 | 107 | 112 | 117 |
| 26 | 136 | 110 | 115 | 120 | 125 | 130 | 135 | 109 | 114 | 119 | 124 | 129 | 134 | 108 | 113 | 118 |
| 27 | 106 | 111 | 116 | 121 | 126 | 131 | 136 | 110 | 115 | 120 | 125 | 130 | 135 | 109 | 114 | 119 |
| 28 | 107 | 112 | 117 | 122 | 127 | 132 | 106 | 111 | 116 | 121 | 126 | 131 | 136 | 110 | 115 | 120 |
| 29 | 108 | 113 | 118 | 123 | 128 | 133 | 107 | 112 | 117 | 122 | 127 | 132 | 106 | 111 | 116 | 121 |
| 30 | 109 | 114 | 119 | 124 | 129 | 134 | 108 | 113 | 118 | 123 | 128 | 133 | 107 | 112 | 117 | 122 |
| 31 | 110 | 115 | 120 | 125 | 130 | 135 | 109 | 114 | 119 | 124 | 129 | 134 | 108 | 113 | 118 | 123 |

Il n'y a rien de moins sûr que ça.

Ils ne veulent que votre bonheur.

Cela dépendra uniquement de vous.

Vous en aurez quelques-uns.

Souvent femme varie !...

Oui, au moment où vous y compterez le moins.

Oui, si vous n'avez rien de mieux à faire.

S'en passer est préférable.

Toujours, à moins de catastrophes imprévues.

Non, parce que vous n'aurez pas su mettre les circonstances à profit.

Quand vous n'y compterez plus.

C'est à craindre.

Malin sera celui qui trouvera un moyen.

Il n'y a rien d'impossible.

Peu de personnes y échappent.

On n'est jamais prophète dans son pays.

Le premier essai ne vous suffit donc pas ?

Attendez encore.

Si vous savez vous faire estimer.

Non : parce que vous n'aurez pas su garder une
poire pour la soif.

Moins que vous n'en souhaitez.

Laide comme les sept péchés capitaux.

Le principal, c'est d'avoir la conscience tranquille.

On ne sait jamais ce que l'on sera.

La maladie vous surprendra sans que vous vous
y attendiez.

Pierre qui roule n'amasse pas mousse.

Plus que vous ne pouvez vous l'imaginer.

Vous hésiterez entre deux.

N'en ayez crainte.

D'ici huit jours pour sûr.

Vos vœux seront exaucés.

Cela vaut mieux pour vous.

Il faut savoir se contenter de ce que l'on a.

Cela dépendra de l'attitude que vous prendrez dès le commencement.

Vous avez le temps d'y songer.

Pour cela, suivez les conseils de ceux qui vous sont dévoués.

On ne peut jurer de rien ; surtout de ça.

Pour votre malheur.

Le temps n'est pas éloigné.

Il ne faut pas désespérer.

Ils ont tout ce qu'il faut pour cela.

On sait ce que l'on a ; on ne sait pas ce que l'on trouvera.

Ne doutez pas de lui.

Au moment de faillir, quelqu'un vous sauvera.

Il y aura des bâtons dans les roues.

Cela ne vous servira à rien d'y être allé.

Le résultat heureux couronnera votre entreprise.

Pas encore ; mais évitez de vous en faire.

Non, si vous savez anéantir les causes.

Certainement.

Ils vous donneront bien du fil à retordre.

Attendez ; le grade viendra récompenser votre valeur.

Je vous conseille de l'observer.

Ce ne sera pas sans peine.

Avec beaucoup de peine.

Faites ce que l'on vous conseillera de faire.

Assurez-vous avant des garanties.

Oui, mais ils ne réussiront jamais à vous nuire.

Décidez-en, mais le meilleur serait de marcher seul.

La fatalité vous y poussera malgré vous.

Beaucoup moins qu'elle y a pensé ; mais cela reviendra si vous voulez.

Vous pouvez encore passer sous la porte Saint-Denis.

Leur affection ne répond pas à celle que vous avez pour eux.

Vous aurez une vie agitée, qui sera couronnée par la satisfaction.

7.

8 Il vous faudra déployer bien de l'activité.

oo Ce serait préférable pour vos intérêts.

8 Examinez-en les conséquences auparavant.

ooo Vous n'en avez qu'un.

o8 Oui, s'il vous apporte beaucoup d'argent.

8o L'occasion s'en présentera plus d'une fois.

8 Elle ne pense qu'à vous.

8 Ne demandez pas l'impossible.

8 Quelqu'un cherche à vous nuire dans leur estime.

oooo Plus de plaisir que de peine.

8 Vous êtes sur le point d'en avoir un.

8 Elle a trop de vertu pour jamais manquer à ses
devoirs.

8 Vous espérerez toujours, mais inutilement.

o8o Rien n'est moins nécessaire pour votre tranquillité.

8oo Je ne vous le conseille pas.

oo8 Oui, si vous n'écoutez pas les mauvais conseils.

Nuit et jour.

Je n'en réponds pas pour elle.

Ils n'ont pas de raison pour vous haïr.

Tout vous sourira toujours.

Vous ne pourrez pas les éviter.

Elle n'a pas de raison pour ne pas l'être.

Si vous savez être sage.

Vous n'avez pas besoin de ça.

Suivez ce que votre cœur vous dit de faire.

Quelqu'un cherchera à vous couper l'herbe sous le pied.

Hélas ! les honnêtes gens ont si peu de chance de faire fortune.

Pas autant que vous en espérez.

Comme un cœur.

Le principal est de n'avoir rien à se reprocher.

Pas longtemps.

Vous mourrez sans aucune infirmité

Selon que vous agirez.

Mettez-vous plutôt la corde au cou.

Ne le faites pas sans réflexion.

Si vous ne reculez pas devant la besogne.

Oui, si vous savez les gagner assez tôt pour pouvoir en profiter encore.

La chose est douteuse.

Vous le verrez bientôt.

C'est de ne pas se laisser entraîner par les mauvaises connaissances.

Il n'y a point de ciel sans nuages.

Il ne faut pas vous effrayer d'avance.

Nul n'est prophète dans son pays.

Une certaine affaire lui fera gagner beaucoup d'argent.

Si cela vous plaît.

Il ne faut pas vous en effrayer d'avance.

Il faut savoir patienter.

Ils triompheront des difficultés qu'ils rencontreront.

Assez pour vous rendre jaloux.

C'est de prendre le temps comme il vient.

La chose est si rare, qu'il est permis de douter.

On récolte ce que l'on a semé.

Suivez un peu votre inspiration pour cela.

Oui, après avoir longtemps travaillé.

Il faut l'espérer.

Vous avez encore le temps de le conjurer.

Tout vient à point à qui sait attendre.

S'ils déjouent les piéges qu'on leur tendra.

Vous n'en serez pas maître, quand vous le pensez.

Il vous est dévoué cœur et âme.

Si vous savez être maître chez vous.

Vous feriez mieux de vous abstenir.

Il n'y a pas péril en la demeure.

Il n'y a pas à hésiter.

Si vous voulez.

Avec du courage, vous surmonterez tout.

Vous l'attendrez encore longtemps.

Ils seront éprouvés, mais ils triompheront.

Il sera préférable pour vous de la continuer.

Ne placez qu'une confiance très-modérée en lui.

Vous réussirez au delà de vos espérances.

Quelqu'un vous nuira pour cela.

Oui, mais revenez ensuite.

Il ne faut jamais courir deux lièvres à la fois.

Qui n'en a pas !

Evitez de prendre une certaine personne qui vous en a déjà fait la proposition.

On cherchera à vous en empêcher.

Plus que jamais.

Vous l'apprendrez toujours trop tôt.

Davantage, quand ils auront apprécié vos qualités.

Vous aurez pour vous entraver bien des bâtons dans les roues.

Il y a toutes chances pour cela.

Le plus tôt que vous le pourrez.

C'est bien scabreux.

On n'a que ceux qu'on ne sait pas écarter.

Consultez vos amis là-dessus.

Vous préférerez rester chez vous.

Oui ; mais elle serait désireuse que vous le lui témoigniez plus sincèrement.
Je ne voudrais pas en mettre ma main au feu.

Plus que vous ne pouvez vous l'imaginer.

N'a de peine que celui qui le veut bien.

Oui, mais vous les gagnerez tous.

Vous savez bien qu'elle en est incapable.

Au delà de vos désirs.

Demandez au moins dix ans de réflexion.

Ce n'est pas la peine, croyez-moi.

Selon vos désirs.

Un peu.

Oui, si vous-même vous ne lui avez rien pris.

Comme leur propre enfant.

L'adversité pourra vous éprouver, mais le triomphe vous réjouira.

Qui n'en a pas !

Cela dépendra de vous.

Ce ne sera qu'après de longues épreuves.

Oui, si vous en avez le courage.

Prenez votre temps pour cela.

Oui, si vous ne quittez pas celui que vous avez.

Oui, à la suite d'un héritage que vous ferez.

Cela vous sera impossible.

La femme qu'on aime est toujours jolie.

C'est de fréquenter le moins de monde possible.

Il y a gros à parier que non.

Pourquoi ne le serait-elle pas.

Oui, mais vous rencontrerez des difficultés nombreuses.

Tous les goûts sont dans la nature.

Ça ne vous réussira pas.

Vous aurez de rudes épreuves à subir.

Il faut l'espérer.

C'est certain.

Cela dépend des goûts.

C'est de savoir maîtriser ses passions.

Si vous savez vous modérer.

On a souvent plus de peur que de mal.

Qui ne risque rien n'a rien.

Les paniers percés ne le sont jamais.

Vous en serez fort embarrassé.

Le mal ne sera pas si grand que vous vous l'imaginez.

Ne la désirez pas tant.

Cela dépendra de vous.

Elle aura la beauté du diable.

C'est de ne point être ambitieux.

Depuis le premier jour jusqu'au dernier.

Selon que vous aurez, ou non, maîtrisé **vos passions.**

Ce que vous ferez sera bien fait.

Elle le deviendra.

Au moment où vous vous y attendrez **le moins.**

Plus tôt que vous ne pensez.

Il faut savoir attendre.

Oui, à condition qu'ils ne sortent pas **du chemin** que vous leur tracerez.

Attendez les événements.

Mettez des bornes à votre confiance.

Tout juste.

Rien n'est moins sûr.

Trouvez un prétexte pour vous en abstenir.

Si vous savez vous y prendre.

Vous resterez garçon.

Il ne faut pas trop vous effrayer d'avance.

Sous peu de jours.

Ils réussiront dans toutes leurs entreprises.

Persévérez, vous en serez récompensé.

Aveuglément.

Méfiez-vous d'une personne qui cherchera à vous nuire.

Oui, si vous savez patienter.

Il y va de votre intérêt.

Suivez le conseil de celui qui vous est le plus dévoué.

Beaucoup, mais un surtout.

Nul ne prend mieux ses intérêts que soi-même. Voyez.

Vos intérêts vous le commanderont.

Elle y pensera davantage qu'elle n'y a pensé.

Je n'y ai pas été voir.

Pourquoi non !

Si vous agissez honnêtement.

Si vous savez vous débarrasser de vos ennemis.

Ne vous pressez pas.

Demandez conseil à votre meilleur ami.

Vous vous en créez de nouveaux tous les jours.

Cela n'est pas nécessaire.

Oui, et très-prochainement

Elle y pense bien : mais elle craint que vous la délaissiez.

On ne peut répondre de rien.

Pourquoi ne vous aimeraient-ils pas !

Vous aurez les peines que vous vous ferez vous-même.

Tous ceux que vous ferez, vous les perdrez.

Pourquoi pas?

Cela ne fait aucun doute.

C'est trop épineux pour que je vous le conseille.

8  Vous feriez peut-être mieux de n'en pas prendre.

oo  Jamais.

8  Pas le moins du monde.

ooo  Dans le doute, je m'abstiens.

o8  Leur tendresse n'a point de bornes.

8o  Votre sort est entre vos mains; vous aurez ce que vous vous serez fait vous-même.

8  Vous en aurez un, mais pour votre bien.

oo  On ne peut répondre de rien.

8  Non; et elles seront cause de nombreuses déceptions pour vous.

oooo  Vous ne savez pas ce qui vous attend.

o o  Consultez vos parents.

8  Vous aurez des difficultés, mais ne vous laissez pas abattre.

oo  Vous savez bien que cela ne vous est pas possible.

ooo  Vous n'aurez que des garçons.

8oo  Oui, si vous aimez les femmes grêlées.

oo8  C'est de ne faire de mal à personne.

8   Si vous ne savez pas les éviter.

oo   Ayez confiance en elle.

8   Tout dépendra d'un ami que vous avez.

ooo   On n'est jamais content de son bonheur.

o8   Rien ne vous presse.

8o   Vous chômerez quelque temps.

8   Si vous savez économiser l'argent que vous gagnerez.

oo   C'est à présumer.

8   Elle aura la beauté morale, ce qui vaut mieux que
la beauté physique.

oooo   C'est d'assouplir son caractère au diapason de
ceux avec qui l'on est en relations.

o o   J'aime mieux le croire que d'y aller voir.

8   Ayez soin de votre santé, pour prévenir les catastrophes.

oo   Prenez garde! ce qui est loin paraît toujours beau.

o8o   L'argent ne fait pas le bonheur.

8oo   D'ici peu.

oo8   Cela est loin d'arriver.

Cela dépendra de vous.

Cela dépendra de la femme que vous aurez.

Avec un peu de bonne volonté.

Il n'y a point de bonheur parfait ici-bas.

Oui, si vous êtes un mari modèle.

Cela vous arrivera plus tôt que cela ne devrait.

Restez où vous êtes bien.

Si vous savez l'apprécier à sa juste valeur.

Vous éprouverez de nombreuses difficultés pour cela.

Ce n'est pas si redoutable que vous croyez.

Elle arrivera au moment où vous n'y penserez plus.

Ils sont à bonne école pour cela.

L'oracle ne vous le conseille pas.

Il vous tend un piége en ce moment.

On vous y aidera.

L'expérience vous désillusionnera.

Suivez votre goût.

Cela dépendra de vous.

Dans un temps tèrs-proche.

La crainte double le mal.

Il ne faut pas désespérer du retard.

S'ils savent mettre un frein à leurs passions.

Pourquoi? vous y avez de l'avenir.

Estimez-le selon qu'il vous estimera.

Il vous faudra déployer beaucoup d'énergie si vou
voulez réussir.

Au delà de vos espérances.

Ne tardez pas davantage.

Un bon «tiens» vaut mieux que deux «tu l'auras»

Sachez déjouer leurs combinaisons et vous n'aure
pas à les redouter.

Cela ne vous serait pas inutile.

C'est probable.

Elle pense à beaucoup de personnes; mais vou
avez la préférence.

8 Oui, si votre cœur vous appelle autre part.

oo Il vous est tout dévoué.

8 Vous éprouverez certaines difficultés.

ooo Cela ne dépendra que de vous.

o8 Ne perdez pas de temps.

8o Ne vous y hasardez qu'après mûre réflexion.

8 Personne n'est jaloux de vous.

oo Cela ne vous nuirait pas, au contraire.

8 Au moment de partir, un obstacle vous en empêchera.

oooo Non-seulement elle n'y pense pas, mais elle ne
ressent rien pour vous.

oo oo Il y a plus de chances contre que pour.

8 oo Vous gagnez tous les jours dans leur affection.

oo 8 Vous aurez une grande douleur dans un temps
très-prochain.

o8o Tous ceux qu'on vous fera vous les gagnerez.

8oo Vous ne seriez pas le premier à qui cela arriverait.

oo8 Au moment où vous vous y attendrez le moins.

Celui dont vous vous doutez le moins.

Je ne vous le conseille pas.

Plus longs que vous ne le pensez.

Elle ne se doute pas de votre amour.

A folle demande pas de réponse.

Votre bonheur est leur plus grand souci.

Vous n'éprouverez jamais de bien grandes peines.

Celui que vous aurez vous guidera pour l'avenir

Si elle n'écoute pas les mauvais conseils.

Dans un temps très-prochain.

Le plus tard sera le mieux.

Gardez-vous-en bien.

On ne peut jurer de rien.

Peut-être.

Vous n'aurez que des filles.

L'avenir vous l'apprendra.

Selon que vous ferez bien ou mal.

Un grand, qui vous absorbera beaucoup.

Tant que vous lui serez fidèle vous-même.

Avec de la patience on vient à bout de tout.

Oui, si vous avez envie d'être malheureux.

Dépêchez-vous de le faire.

Le travail ne donnera pas toujours.

Si vous savez vous méfier d'une personne qui cherchera à vous faire du tort.

Il vaudrait mieux pour vous que non.

La beauté n'est rien, la vertu c'est tout.

Il n'y en a pas, puisque le bonheur parfait n'existe pas.

Vous seriez le premier.

Les infirmités ne surviennent qu'à ceux qui les ont cherchées.

Il faut courir bien loin pour attraper la fortune.

L'économie l'enrichira.

Vous épouserez une veuve.

L'homme laborieux n'est jamais embarrassé.

Si vous êtes modéré dans votre existence.

Plus que vous ne voudrez.

Vos amis vous le diront.

C'est de marcher toujours dans le droit chemin.

C'est bien difficile.

La goutte vous cherchera ; sachez fuir ce qui l'occasionne.

La fortune sourit à ceux qui osent.

Assez pour gaspiller ce qu'elle a.

Dans un âge très-avancé.

Ce sera un mal pour un bien.

Il vaut mieux pour vous qu'elle ne soit pas arrivée

Ayez confiance en eux.

Il est de votre intérêt d'y rester.

Ne vous fiez nullement à lui.

Si vous les faites vous-même.

Sur vos vieux jours seulement.

Il serait peut-être préférable que vous restiez dans votre pays.

Un héritage doit l'enrichir.

Dans un temps très-éloigné.

Vous aurez plus de peur que de mal.

Il vaut mieux qu'elle tarde encore.

Si vous les guidez.

Le plus tôt sera le meilleur.

Il le mérite.

Après avoir lutté, vous succomberez.

J'en doute.

Gardez-vous-en bien.

Ne hasardez pas trop.

Quelqu'un qui vous touche de très-près.

L'union fait la force.

Il serait préférable que vous n'en fassiez pas.

8.

Ils seront ce que vous les aurez faits.

Le plus tôt possible.

Il ne cherche que votre bien.

Si vous savez agir sagement.

Vous éprouverez bien des difficultés.

Attendez encore.

Qui trop embrasse mal étreint.

On n'empêchera jamais d'envier ce qui est enviable.

Oui, de préférence quelqu'un que vous connaissez.

Evitez d'en entreprendre.

Son rêve est que vous pensiez à elle comme elle pense à vous.

C'est bien risqué.

Plus que jamais.

Vous aurez le plaisir de surmonter les peines que vous aurez.

D'ici peu de temps vous en aurez un.

Je n'ose vous le dire.

8 Il faut bien y réfléchir, avant de décider quoi que ce soit.

oo N'envie-t-on pas toujours le bonheur d'autrui.

8 Ça ne vaut jamais rien.

ooo Vous traverserez les mers.

o8 Elle y pense, mais elle ne croit pas à votre sincérité.

8o On doit toujours le croire.

8o Leur affection pour vous doit vous le prouver.

8o Autant de l'un que de l'autre.

8 Très-peu.

oooo Un de vos amis cherchera à la détourner de ses devoirs.

8o8 Au moment où vous vous y attendrez le moins.

8oo Vous avez bien le temps.

oo8 Il est toujours temps de se mettre la corde au cou.

o8o Plus que vous n'en pourrez faire.

8oo Vous aurez du mal pour y arriver.

oo8 Une douzaine.

Leur dévouement est à toute épreuve.

Autant de l'un que de l'autre.

On cherchera à vous en faire.

Tant que vous serez son unique amour.

Un envieux cherchera à vous faire tort.

Vous êtes payé pour savoir ce que c'est.

C'est le plus grand bonheur qui puisse vous arriver.

Si vous savez vous ménager les sympathies de vos patrons.

L'avenir vous l'apprendra.

Oui, mais tard.

Vous aurez bien le temps de le savoir.

La fortune en est une condition.

Il ne faut jamais désespérer de rien.

Personne n'en est exempt.

Il vaut mieux être le premier dans son pays que le second dans Rome.

La fortune vous sera toujours contraire.

Le plus tard sera le mieux.

Vous en aurez tant que vous le voudrez.

Si vous n'êtes pas ambitieux.

Autant que vous en désirerez.

Trop, à votre grand désespoir.

C'est de n'avoir aucun reproche à se faire.

Oui, à part quelques orages de temps en temps.

Vous ne le serez jamais.

Évitez de vous créer des embarras.

Si vous savez être modéré dans vos désirs.

Oui; mais non avec celle que vous croyez.

Il n'arrivera pas.

Oui, et elle vous annoncera une bonne nouvelle

C'est leur plus grand désir.

Sachez accepter le sort qui vous est fait, et attendez.

Il ne cherche qu'à vous faire tomber dans le piége.

C'est douteux.

Votre vieillesse subira les effets de votre jeunesse.

Il vaudrait peut-être mieux pour vos intérêts que vous alliez à Paris.

La fortune est chose si fragile.

Plus tôt que vous ne le pensez.

Oui, mais cela retournera à votre avantage.

Le temps qu'elle met à arriver est de bon augure.

S'ils y manquent, ce ne sera pas de leur faute.

C'est à souhaiter pour vous.

Il ne vous trompera jamais.

Si vous savez vous débarrasser de celui qui cherche à vous nuire.

La suite vous prouvera que c'est impossible.

A votre place, je n'hésiterais pas.

Vous pouvez y aller les yeux fermés.

Ne vous en occupez pas.

Ne le faites pas sans grande réflexion.

○ Elle ne peut tarder maintenant.

○○ Oui, si vous les élevez comme il faut.

○○○ Oui, si le pays n'a plus besoin de vous.

○○○ Il prend toujours vos intérêts.

○○ On cherchera à vous créer des embarras, mais vous en triompherez.

○○ Vous feriez mieux de ne pas l'entreprendre.

○○○ Consultez, avant de ne rien décider.

○○○ Vous n'en serez pas plus avancé après qu'avant.

○○○○ Quand on marche droit, on ne doit point s'en inquiéter.

○○○○ Le mieux serait de vous en passer.

○○○○ Vous ferez une traversée, et vous aurez le mal de mer.

○○○ Beaucoup moins qu'il y a trois mois.

○○○○ Il n'y a que la foi qui sauve.

○○○○ Plus qu'ils ne vous ont jamais aimés.

○○○ Un grand chagrin vous frappera, il est vrai; mais une bonne nouvelle viendra l'effacer.

○○○ Une personne que vous ne croiriez pas vous en fera un.

○○ Suivez ce que votre cœur vous dit.

○○ Ne vous y lancez pas à l'aventure.

○○ Vous seriez le seul à n'en pas avoir.

○○○ Il vaut mieux pour vous rester seul.

○○ Vous hésiterez à les entreprendre.

○○ Elle doute de vos sentiments.

○○ Je vous conseille de vous en assurer d'avance.

○○ Ils feraient les plus grands sacrifices pour votre bonheur.

○○ Plus de peine que de plaisir.

○○○○ Un seul.

○○ Elle le sera toujours.

○○ Il ne dépendra que de vous que ce soit bientôt ou dans longtemps.

○○ Rappelez-vous des premières, auparavant.

○○○ Il vaut mieux rester son maître.

○○○ Oui, si vous n'êtes pas trop exigeant.

○○○ Vous jouirez d'une immense fortune sur vos vieux jours.

## FIN

Paris. — Imp. PAUL DUPONT, 41, rue Jean-Jacques-Rousseau.

# PUBLICATIONS DE LA MÊME LIBRAIRIE

**16 ans de la vie d'une femme** OU LES
DANGERS D'UNE JOLIE FEMME DANS LE MONDE,
Tromperies, Séductions, Trahisons, Misère et
Fortune, par RABAN, 1 charmant vol. in-18,
Gravure et Couverture coloriée . . . . 1 fr.

**Le Triple Savant de Société**, contenant
tout ce qu'il y a de plus récréatif et de plus
intéressant pour amuser les plus petites comme
les plus grandes réunions soit à la ville soit à
la campagne, ouvrage divisé en trois parties
1 gros vol. in-18, orné de gravures, . 1 fr. 50

**La grande et véritable Science Caba-
listique**, OU LA SORCELLERIE DÉVOILÉE, contenant
1° Le grand Albert, ses merveilleux secrets, sa
vie et ses travaux scientifiques. 2° Les secrets
mystiques de la magie naturelle du petit Albert,
3° Le dragon Rouge ou l'art de conjurer les esprits
infernaux, de les vaincre et de les soumettre à sa
volonté, ouvrage composé après des recherches
nombreuses sur les plus anciens et les plus nouveaux documents de la science, 1 gros vol
in-18 . . . . . . . . 2 fr

**Les 1,200 Amusements** ET RÉCRÉATIONS
DE SOCIÉTÉ, contenant tous les Tours d'adresses
les plus intéressants, divisés en trois parties très-
distinctes : La première se composant des tours
d'escamotage, jeux de gobelets, prestige et
illusions, etc., etc. La deuxième, contenant toutes
les combinaisons les plus nouvelles pour exécuter
les tours de cartes. La troisième renfermant les
tours de physiques les plus amusants sur la chimie,
le magnétisme, l'électricité, la double-vue
dévoilée, la fantasmagorie, etc., etc., 1 gros vol
in-18, orné de 200 gravures. . . 1 fr. 50

Lith. Grandjean et Gasard, r. du Jardinet, 12, Paris.

www.ingramcontent.com/pod-product-compliance
Lightning Source LLC
LaVergne TN
LVHW020653200726

843508LV00002B/753